LEÇONS
DE CHRONOLOGIE
ET D'HISTOIRE.

HISTOIRE DE FRANCE.

Cours d'Études élémentaires

DE L'ABBÉ GAULTIER,

REVU ET AUGMENTÉ PAR SES ÉLÈVES.

SECTION D'HISTOIRE.

Iᵉʳ vol.—HISTOIRE SAINTE, depuis la création du monde jusqu'à J.-C.; et HISTOIRE ECCLÉSIASTIQUE jusqu'à la conversion de Clovis, en 496.

IIᵉ vol.—HISTOIRE ANCIENNE, depuis les temps les plus reculés, jusqu'à la domination romaine.

IIIᵉ vol.—HISTOIRE ROMAINE, depuis la fondation de Rome jusqu'au partage de l'empire romain.

IVᵉ vol.—HISTOIRE MODERNE, depuis le partage de l'empire romain, jusqu'à nos jours.

Vᵉ vol.—HISTOIRE DE FRANCE, jusqu'au règne de S. M. Louis-Philippe.

Chacun de ces volumes in-18, cartonné. ....1 fr. 50 c.

MÉDAILLONS DES ROIS DE FRANCE, en un étui. 2 fr. 50 c.

IMPRIMÉ CHEZ PAUL RENOUARD,
RUE GARANCIÈRE, Nº 5.

LEÇONS

DE CHRONOLOGIE

ET D'HISTOIRE,

DE L'ABBÉ GAULTIER,

entièrement refondues et considérablement
augmentées,

PAR DE BLIGNIÈRES, DEMOYENCOURT,
DUCROS (DE SIXT) ET LE CLERC AÎNÉ,
SES ÉLÈVES.

TOME V.

HISTOIRE DE FRANCE.

REVUE PAR DEMOYENCOURT.

A PARIS,

CHEZ JULES RENOUARD, LIBRAIRE,
RUE DE TOURNON, Nº 6.

1836.

AVANT-PROPOS.

—

Fidèles à la loi que nous nous sommes imposée de suivre religieusement le plan de l'abbé Gaultier, nous avons maintenu l'usage des vers techniques comme moyens mnémoniques dont l'expérience nous a démontré toute l'utilité ; mais nous avons refait la plupart de ces vers, et nous les avons disposés de manière qu'il y en eût au moins un pour chaque roi, nous attachant surtout à ce qu'ils rappelassent les principaux évènemens des règnes en tête desquels nous les avons placés.

Pour peu que l'on compare cette nouvelle édition avec celles qui l'ont précédée, on ne tardera pas à s'apercevoir des nombreuses additions que nous y avons faites ; on verra surtout que nous y avons développé, autant que nous le permettaient les bornes de cet abrégé, l'époque de la révolution française.

Afin de donner aux élèves une idée du pays qu'habitaient nos ancêtres, nous avons fait précéder ces Elémens d'une leçon préliminaire sur les peuples de la Gaule avant l'invasion des Francs. Nous avons aussi donné quelques notions sur les mœurs et les

a.

coutumes des Français à différentes époques;
nous avons mentionné les inventions ou découvertes, les monumens et les personnages
les plus remarquables; à la fin de chaque
règne nous avons rapporté les synchronismes
les plus importans, et pour faire coïncider
la chronologie de l'histoire de France avec
celle de l'histoire moderne, nous avons sub-
stitué la dénomination de *Siècles de l'ère
chrétienne* à celle de *Siècles de la monarchie
française.* Enfin, nous avons ajouté à ce petit
ouvrage élémentaire trois tables, la première,
CHRONOLOGIQUE, qui présente à-la-fois: 1° la
série des rois dans leur ordre chronologique,
2° la date de leur avènement au trône, 3° les
vers techniques relatifs à chaque règne, 4° le
nom de chaque roi; 5° la durée de son règne,
et 6° enfin quelles princesses il a eues en mariage; la seconde, GÉOGRAPHIQUE, qui donne
la position des lieux rendus célèbres par quelque fait historique; enfin, la troisième, BIO-
GRAPHIQUE, contenant, par ordre alphabétique, les noms de tous les personnages mentionnés dans ce volume.

Puisse cet ouvrage répondre aux besoins
des enfans, à qui nous consacrons exclusi-
vement nos travaux!

INSTRUCTION

SUR LA MANIÈRE D'ENSEIGNER LES ÉLÉMENS DE L'HISTOIRE
DE FRANCE, D'APRÈS LA MÉTHODE DE L'ABBÉ GAULTIER.

L'ENSEIGNEMENT de ces élémens d'histoire diffère peu de celui que nous avons indiqué pour la géographie; comme dans les leçons de géographie, le maître se servira de jetons et d'étiquettes, et au lieu de cartes, il exposera aux regards de ses élèves des tableaux chronologiques.

Les étiquettes pour l'histoire de France se composent de 87 médaillons, dont 72 présentant l'effigie des rois, et 15 portant l'indication des siècles de la monarchie française. Voici comment l'instituteur devra faire usage de ces deux espèces d'étiquettes, qui d'ailleurs peuvent aussi être placées dans deux sacs différens:

Si l'élève tire le médaillon d'un roi, le n° 49, par exemple, *Philippe de Valois*, le maître fera d'abord réciter les vers techniques qui précèdent le règne de ce roi, savoir:

> Triomphant à Cassel, et battu par l'Anglais,
> A l'Ecluse, à Crécy, Philippe perd Calais,
> Gagne le Dauphiné, et voit la France entière
> En proie à la famine, à la peste, à la guerre.

Ensuite il fera de préférence une ou plusieurs des questions que ces vers suggèrent, et qui se trouvent dans le livre. Ainsi il demandera, 1° *Quel fut le premier exploit militaire de Philippe de Valois?*

RÉPONSE. Il fut vainqueur à la bataille de Cassel... etc.; 2° *Après la trève qui suivit le combat de l'Ecluse* (combat dont on demandera et la cause et l'issue), quelle autre bataille fameuse les Français perdirent-ils contre les Anglais ?

Réponse. Celle de Crécy, etc. L'instituteur, en faisant ces sortes de questions, aura soin de ne pas passer de l'une à l'autre sans y ajouter les questions intermédiaires, de nature à faciliter à l'élève la réponse qu'en attend de lui. Ainsi avant de l'interroger sur le combat de l'Écluse, qui n'est qu'une conséquence de la conduite de Philippe envers Édouard, il devra lui faire cette question : *Quel fut le sujet des inimitiés qui existèrent entre Édouard III et Philippe de Valois ?*

Si l'élève tire un médaillon portant l'indication d'un siècle de l'ère chrétienne, le 3e siècle, par exemple, l'instituteur s'attachant, non plus à faire repasser les traits particuliers de chaque roi, mais les faits essentiels relatifs à chaque siècle et surtout l'ordre chronologique des principaux événemens, fera réciter d'abord tous les vers relatifs à ce siècle, puis s'adressant à chacun des élèves et faisant usage de la table chronologique, il leur proposera les questions suivantes:

1° *Combien y a-t-il eu de rois qui ont régné en France pendant le 3e siècle de l'ère chrétienne ?*

L'élève répondra ; Quatre.

2° *Quels sont ces rois ?* L'élève..... Louis VIII, Louis IX (saint Louis), Philippe III le Hardi, et Philippe IV le Bel.

3° *En quelle année Louis IX monta-t-il sur le trône ?*

4° *Quel âge avait-il quand il succéda à Louis VIII?*

5° *Combien de temps régna-t-il ?*

6° *À quel âge mourut-il ?*

7° *Quelle princesse a-t-il eue en mariage ?*

8° *En quelle année entreprit-il sa première expédition en Terre-Sainte ? Combien de temps y resta-t-il ? etc., etc.*

Les questions que le maître peut faire au moyen

de cette seconde espèce d'étiquettes peuvent varier à l'infini ; mais elles doivent toujours être telles qu'elles obligent l'élève à se mettre le plus grand nombre de dates dans la mémoire ; en un mot cet exercice doit avoir pour but spécial l'étude de la chronologie.

Si l'élève satisfait aux questions proposées, il reçoit un jeton pour chacune de ses réponses ; s'il se trompe, il en paie un, soit à l'élève qui le corrige, soit à l'instituteur même, qui fait lire alors tout haut, par un des élèves, la réponse du livre.

Après le premier médaillon tiré, les autres élèves en tirent un second, un troisième, etc., en les expliquant de même, jusqu'à ce que le temps consacré à cet exercice soit écoulé.

Lorsque les élèves auront fini d'étudier la première race, on les obligera de répéter à-la-fois tous les vers techniques de cette race, et de nommer de suite tous les rois qui la composent. On en usera de même pour les autres races.

Quel que soit l'exercice qui fasse l'objet de la leçon, l'instituteur, pour y apporter plus de variété, devra le diviser en trois parties ; dans la première il fera réciter les questions qu'il aura données à étudier, ayant soin, si l'enseignement est simultané, d'interroger chaque élève à son tour et le plus souvent possible.

Dans la deuxième il fera tirer au hasard ou un médaillon de roi, ou un médaillon portant l'indication d'un siècle ; et procédera, pour cet exercice, comme il a été indiqué précédemment.

Dans la troisième les élèves s'adresseront mutuellement, comme dans les leçons de géographie, des questions telles cependant que les réponses n'exigent pas de connaissances plus étendues que celles qui sont renfermées dans nos élémens d'histoire.

L'instituteur dans tous les cas aura soin d'engager les élèves à chercher, dans la table placée à la fin de ce volume, la situation des points géographiques qu'ils rencontrent dans leurs leçons, de manière que les élèves ne sortiront point des bornes qui leur sont prescrites en s'adressant ces sortes de quesions:

Où est située la ville de CHALONS, près de laquelle Mérovée combattit Attila? Dans quelle contrée, quelle province, quel département, ou près de quelle ville connue se trouvent TOLBIAC, VOUILLÉ, CHELLES? etc., etc.

Les élèves peuvent aussi retourner ces questions et se demander : Qu'y a-t-il en de remarquable à RONCEVAUX, à VINCENNES, en SICILE, à AMBOISE? etc. De cette manière, on est certain d'éviter la routine, et les élèves qui auront été ainsi exercés posséderont autre chose que des mots, et pourront lire avec fruit des ouvrages plus étendus ou moins élémentaires.

A la fin de la leçon, chaque élève comptera les jetons qu'il aura gagnés, et celui qui en aura le plus grand nombre sera proclamé le premier ou *président*, et recevra de l'instituteur une carte dite *présidence*, constatant les succès qu'il aura obtenus. Si le nombre des élèves est suffisamment grand, l'instituteur récompensera aussi l'élève qui aura obtenu la seconde place, en lui donnant une carte qui, n'ayant que la moitié de la valeur d'une présidence, est dite *demi-présidence* ou *sous-présidence*.

TABLE CHRONOLOGIQUE
ET GÉNÉALOGIQUE
DES ROIS DE FRANCE.

Nota. Dans cette table, les colonnes qui portent en tête les n°s 1, 2, 3, 4, 5, 6 et 7, indiquent :

1. La série des rois par ordre chronologique ;
2. La date de leur avènement au trône ;
3. Les vers techniques relatifs à chaque règne.
4. Le nom de chaque roi, suivi de *f.*, qui signifie fils du précédent, ou de *fr.*, qui signifie frère ;
5. La durée de son règne ;
6. A quelles princesses il a été marié ;
7. Le numéro de la page de ce volume où commence le règne du roi.

Ve SIÈCLE DE L'ÈRE CHRÉTIENNE,
DEPUIS L'AN 420 JUSQU'A L'AN 500.

PREMIÈRE RACE,
DITE DES MÉROVINGIENS.

1	2	3
I	420	En l'an quatre cent vingt, PHARAMOND, premier roi,
		Est connu seulement par la salique loi.
II	428	CLODION, second roi, nommé le Chevelu,
		Au fier Aetius cède deux fois vaincu.
III	448	MÉROVÉE à Châlons combattit Attila.
IV	456	CHILDÉRIC fut chassé, mais on le rappela.
V	481	CLOVIS à Tolbiac fait vœu d'être chrétien,
		Il défait Gondebaud, tue Alaric Arien;
		Entre ses quatre fils partage ses états,
		Source d'atrocités, de guerres, d'attentats.

VIe SIÈCLE DE L'ÈRE CHRÉTIENNE.

1	2	3
VI	511	CHILDEBERT, en cinq cent, eut Paris en partage,
		Les Bourguignons, les Goths éprouvent son courage.
VII	558	Le règne de CLOTAIRE en crimes est fécond,
		Sa mort plonge la France en un trouble profond.
VIII	561	Par saint Germain puni, CHÉRÉBERT vit en paix,
		Il voit l'autorité des maires du palais.
IX	567	CHILPÉRIC de la France est nommé le Néron,
		Épouse Frédégonde et meurt par trahison.
X	584	De Brunehaut CLOTAIRE ordonne le supplice,
		Il défait les Saxons et règne avec justice.

VIIe SIÈCLE DE L'ÈRE CHRÉTIENNE.

1	2	3
XI	628	Vers six cent, DAGOBERT construisit Saint-Denis;
XII	638	Le peuple est soulagé par le second CLOVIS.
XIII	656	CLOTAIRE TROIS, enfant, ne fut roi que de nom,
XIV	670	CHILDÉRIC est tué par le fier Bodillon.
XV	673	THIERRI le Fainéant sous Ebroin fut roi.
XVI	691	Sous CLOVIS TROIS Pepin des Saxons fut l'effroi.
XVII	695	CHILDEBERT DEUX est roi sous le même Pepin.

Iᵉʳ SIÈCLE DE LA MONARCHIE FRANÇAISE.
DEPUIS L'AN 420 JUSQU'A L'AN 500.

ROIS DE LA PREMIÈRE RACE.
DITE DES MÉROVINGIENS.

4	5	6	7
Pharamond	8		6
Clodion	10		7
Mérovée, f.	8		8
Childéric I, fr.	25	Basine.	9
Clovis, f.	30	Clotilde.	10

IIᵉ SIÈCLE DE LA MONARCHIE FRANÇAISE.
DEPUIS L'AN 500 JUSQU'A L'AN 600.

4	5	6	7
Childebert I, f.	47	Ultrogote.	15
Clotaire I, fr.	3	1° Ingonde. 2° Charégonde.	18
Chérébert, f.	6	Ingoberge.	19
Chilpéric I, fr	17	1° Galsuinde. 2° Frédégonde.	20
Clotaire II, f.	44	Bertrade.	22

IIIᵉ SIÈCLE DE LA MONARCHIE FRANÇAISE.
DEPUIS L'AN 600 JUSQU'A L'AN 700.

4	5	6	7
Dagobert. f.	10	Nantilde.	25
Clovis II, f.	18	Batilde.	26
Clotaire III, f.	14		29
Childéric II. fr.	3	Blichilde.	30
Thierry I, fr.	18		30
Clovis III, f.	4		32
Childebert II, fr.	16		32

VIIIe SIÈCLE DE L'ÈRE CHRÉTIENNE.

1	2	3
XVIII	711	Son fils Dagobert deux d'Héristel voit la fin.
XIX	715	Vaincu dans un combat, Chilpéric Daniel Cède au roi fainéant que fit Charles Martel.
XX	720	Thierri deux, étranger aux exploits de son règne, Meurt et laisse après lui cinq années d'interrègne.
XXI	742	Childéric trois, rasé, fut dernier de sa race.

ROIS DE LA SECONDE RACE,
DITE DES CARLOVINGIENS.

1	2	3
XXII	752	Pepin, nommé le Bref, sacré par Boniface, Parvient au trône en l'an sept cent cinquante-deux ; Il gouverne seize ans, et prince généreux Pour le pape deux fois il passe en Lombardie:
XXIII	768	Charlemagne, son fils, prend Didier dans Pavie, Subjugue les Saxons, l'Italie et l'Espagne, Fonde un nouvel empire et règne en Allemagne Politique profond, sage législateur. En l'an huit cent quatorze il mourut empereur.

IXe SIÈCLE DE L'ÈRE CHRÉTIENNE.

1	2	3
XXIV	814	Son fils, Louis premier, nommé le Débonnaire, Faible envers ses enfans, fut cloîtré par Lothaire.
XXV	840	Vainqueur à Fontenay, des Normands maltraité, Charles-Chauve établit la féodalité.
XXVI	877	Roi chez les Aquitains, puis empereur en France, Louis Bègue des grands affermit la puissance.
XXVII	879	Louis trois, Carloman des Normands se font craindre.
XXVIII	884	De tous abandonné, Charles-Gros est à plaindre.
XXIX	888	Fils de Robert-le-Fort, Eudes obtient la couronne.
XXX	898	Charles-Simple vaincu, fuit et meurt à Péronne.

Xe SIÈCLE DE L'ÈRE CHRÉTIENNE.

1	2	3
XXXI	923	Prince en neuf cent vingt-trois, Raoul règne treize ans.
XXXII	936	Louis d'Outremer tombe au pouvoir des Normands.

IVᵉ SIÈCLE DE LA MONARCHIE FRANÇAISE.

DEPUIS L'AN 700 JUSQU'A L'AN 800.

4	5	6	7
Dagobert II f.	4		33
Chilpéric II Daniel, cousin.	5		34
Thierri II, f. de Dagobert.	17		35
Childéric III, f. d. Chilp. Dan.	10		36

SECONDE RACE,

DITE DES CARLOVINGIENS.

4	5	6	7
Pepin le Bref, f. de Charles Martel	16	Berthe.	43
Charlemagne, f.	46	1° Hermangarde. 2° Hildegarde.	45

Vᵉ SIÈCLE DE LA MONARCHIE FRANÇAISE.

DEPUIS L'AN 800 JUSQU'A L'AN 900.

4	5	6	7
Louis I le Débonnaire, f. .	26	1° Hermangarde. 2° Judith.	49
Charles II le Chauve, f. .	37	1° Hermentrude. 2° Richilde.	52
Louis II le Bègue, f. . . .	2	1° Ansgarde. 2° Engelberge. 3° Adélaïde.	54
{ Louis III et } { Carloman } , f.	5		55
Charles le Gros	4		57
Eudes, comte de Paris . . .	10		59
Charles le Simple, f. de Louis-le-Bègue	24	Ogine.	60

VIᵉ SIÈCLE DE LA MONARCHIE FRANÇAISE.

DEPUIS L'AN 900 JUSQU'A L'AN 1000.

4	5	6	7
Raoul, beau-frère de Eudes.	13		62
Louis IV d'Outremer, f. de Charles-le-Simple. , . .	18	Gerberge	63

1	2	3
XXXIII	954	Lothaire contre Othon défendit mal les siens.
XXXIV	986	Louis cinq est dernier des Carlovingiens.

TROISIÈME RACE,
DITE DES CAPÉTIENS.

BRANCHE DIRECTE.

XXXV	987	Neuf cent quatre-vingt sept voit Capet sur le trône,
		Et sa postérité porte encor la couronne.
XXXVI	996	Robert, sage et pieux, des lettres amateur,
		Des foudres de l'Église éprouva la rigueur.

XIe SIÈCLE DE L'ÈRE CHRÉTIENNE.

XXXVII	1031	En l'an mil trente et un, provoqué par son frère,
		Henri premier, vainqueur, régna malgré sa mère.
XXXVIII	1060	Sous Philippe premier la Palestine est prise,
		Entre les chefs croisés Godefroi la divise.

XIIe SIÈCLE DE L'ÈRE CHRÉTIENNE.

XXXIX	1108	Louis six, dit le Gros, sut abaisser les grands,
		Il affranchit les serfs et régna vingt-neuf ans.
XL	1137	Louis sept aux saints lieux compromet sa puissance,
		Renvoie Éléonore et démembre la France.
XLI	1180	Son fils, Philippe-Auguste, à Bouvines vainqueur,
		Reprend la Normandie et règne avec honneur.

XIIIe SIÈCLE DE L'ÈRE CHRÉTIENNE.

XLII	1223	En douze cent vingt-trois, Louis, dit le Lion,
		Réduisit l'Albigeois et vainquit Albion.
XLIII	1226	Saint Louis eut la guerre en Afrique deux fois,
		Fit triompher la France et lui laissa des lois.
XLIV	1270	Philippe trois finit la dernière croisade,
		Combat en Aragon, revient, tombe malade.
XLV	1285	Sous Philippe-le Bel Molay vif est brûlé,
		Les Flamands sont soumis, le Pape est enlevé.

	4	5	6	7
Lothaire f.		32	Emma.	64
Louis V f.		1	Blanche	65

ROIS DE LA TROISIÈME RACE.
DITE DES CAPÉTIENS.

BRANCHE DIRECTE.

	5	6	7
Hugues Capet, f. de Robert.	9	Adélaïde de Guyenne.	70
Robert I f.	35	1° Berthe. 2° Constance de Provence.	72

VIIᵉ SIÈCLE DE LA MONARCHIE FRANÇAISE.
DEPUIS L'AN 1000 JUSQU'A L'AN 1100.

	5	6	7
Henri I f.	29	1° Mathilde. 2° Anne de Russie.	75
Philippe I f.	48	1° Berthe de Hollande. 2° Bertrade, fem. de Foulques.	77

VIIIᵉ SIÈCLE DE LA MONARCHIE FRANÇAISE.
DEPUIS L'AN 1100 JUSQU'A L'AN 1200.

	5	6	7
Louis VI le Gros f.	29	Adélaïde de Savoie.	81
Louis VII le Jeune f. . . .	43	1° Éléonore d'Aquitaine. 2° Constance de Castille. 3° Alix de Champagne.	85
Philippe II Auguste f. . . .	43	1° Isabelle de Hainaut. 2° Ingerburge de Danemark. 3° Agnès de Méranie.	87

IXᵉ SIÈCLE DE LA MONARCHIE FRANÇAISE.
DEPUIS L'AN 1200 JUSQU'A L'AN 1300.

	5	6	7
Louis VIII f.	3	Blanche de Castille.	92
Saint Louis IX, f.	44	Marguerite de Provence.	94
Philippe III le Hardi, f. . .	15	1° Isabelle d'Aragon. 2° Marie de Brabant.	98
Philippe IV le Bel, f. . .	29	Jeanne de Navarre.	101

XIVᵉ SIÈCLE DE L'ÈRE CHRÉTIENNE.

1	2	3
XLVI	1314	Louis dix le Hutin fait mourir Marigny.
XLVII	1316	Sous Philippe-le-Long le Juif se voit banni.
XLVIII	1322	Charles quatre le Bel régna pendant six ans, Il fut juste et sévère, et mourut sans enfans.

BRANCHE DES VALOIS.

1	2	3
XLIX	1328	Triomphant à Cassel et battu par l'Anglais, À l'Ecluse, à Crécy, Philippe perd Calais ; Gagne le Dauphiné et voit la France entière En proie à la famine, à la peste, à la guerre.
L	1350	Jean, dit le Bon, fidèle envers son ennemi, Prisonnier à Poitiers, fut libre à Bretigny.
LI	1364	Aidé de Dugueselin, Charles cinq de la France Repousse les Anglais et règne avec prudence.
LII	1380	Sous Charles six, au Mans privé de sa raison, L'Armagnac est en guerre avec le Bourguignon; Et la France, que livre Isabeau de Bavière, Voit régner à Paris Henri cinq d'Angleterre.

XVᵉ SIÈCLE DE L'ÈRE CHRÉTIENNE.

1	2	3
LIII	1422	Sauvé par la Pucelle au siège d'Orléans; Charles sept est vainqueur, règne trente-neuf ans.
LIV	1461	Louis onze, cruel et profond politique, Fait peser sur les grands son pouvoir despotique.
LV	1485	Charles huit en six mois perd Naples et Florence; Poursuivi par Gonzalve, il regagne la France.
LVI	1498	Louis douze, nommé le Père des Français, Fit la guerre à Venise, à Naple, au Milanais.

Xᵉ SIÈCLE DE LA MONARCHIE FRANÇAISE.
DEPUIS L'AN 1300 JUSQU'A L'AN 1400.

4	5	6	7
Louis X le Hutin, f.	2	1° Marguerite de Bourgogne. 2° Clémence de Hongrie.	103
Philippe V le Long, fr. . .	6	Jeanne de Bourgogne.	104
Charles IV le Bel, fr. . . .	6	1° Blanche de Bourgogne. 2° Marie de Luxembourg. 3° Jeanne d'Évreux.	105

BRANCHE DES VALOIS.

4	5	6	7
Philippe VI de Valois, neveu de Philippe-le-Bel	22	1° Jeanne de Bourgogne. 2° Blanche d'Evreux.	111
Jean-le-Bon, f.	14	1° Bonne de Luxembourg. 2° Jeanne de Bourgogne.	115
Charles V le Sage, f. . . . 5	16	Jeanne de Bourbon.	119
Charles VI, f.	42	Isabelle de Bavière.	122

XIᵉ SIÈCLE DE LA MONARCHIE FRANÇAISE.
DEPUIS L'AN 1400 JUSQU'A L'AN 1500.

4	5	6	7
Charles VII le Victorieux f.	39	Marie d'Anjou.	126
Louis XI, f.	22	1° Marguerite d'Ecosse. 2° Charlotte de Savoie.	132
Charles VIII l'Affable, f. .	15	Anne de Bretagne.	134
Louis XII, cousin, le seul de la branche d'Orléans. .	17	1° Jeanne de France. 2° Anne de Bretagne. 3° Marie d'Angleterre.	137

XVIe SIÈCLE DE L'ÈRE CHRÉTIENNE.

1	2	3
LVII	1515	Vainqueur à Marignan, prisonnier à Pavie,
		En quinze cent François aux lettres rend la vie;
		Sous son règne, l'Église, où Léon dix domine,
		De Luther, de Calvin voit naître la doctrine.
LVIII	1547	Henri second à Metz voit briller ses exploits,
		Succombe à Saint-Quentin, et meurt dans un tournoi.
LIX	1559	Aux Guises François deux laisse un pouvoir trop grand,
		Contre eux bientôt se forme un parti protestant.
LX	1560	Du parti protestant implacable ennemi,
		Charles neuf ordonna la Saint-Barthélemi,
		Et vit le sang français inonder tour-à-tour
		Vassi, Dreux, Saint-Denis, Jarnac et Moncontour.
LXI	1574	Henri trois, de Pologne en France est ramené,
		Redoute les ligueurs et meurt assassiné!

BRANCHE DES BOURBONS.

1	2	3
LXII	1589	Henri quatre le Grand, digne de gouverner,
		« Calma les factions, sut vaincre et pardonner,
		« Confondit et Mayenne et la Ligue et l'Ibère,
		« Et fut de ses sujets le vainqueur et le père. »

XVIIe SIÈCLE DE L'ÈRE CHRÉTIENNE.

1	2	3
LXIII	1610	Louis treize renverse un rempart hérétique,
		Et règne dominé par un grand politique.
LXIV	1643	Louis-le-Grand, son fils, surpasse ses aïeux;
		Son règne est le plus long et le plus glorieux.

XVIIIe SIÈCLE DE L'ÈRE CHRÉTIENNE.

1	2	3
LXV	1715	Louis quinze, à cinq ans, sous un régent est roi;
		Chasse Law, prend Fleuri, combat à Fontenoy.
LXVI	1774	Louis seize aux Français donne la liberté,
		Gouverne avec douceur et meurt décapité,
		Ses ... factieux enhardit la fureur,
		Et la ... des tyrans règnent par la terreur.

XII° SIÈCLE DE LA MONARCHIE FRANÇAISE,
DEPUIS L'AN 1500 JUSQU'A L'AN 1600.

4	5	6	7
FRANÇOIS Ier, gendre de Louis XII.	32	1° Claude de France. 2° Éléonore d'Autriche.	140
HENRI II, f.	12	Catherine de Médicis.	146
FRANÇOIS II, f.	1	Marie Stuart.	149
CHARLES IX, fr.	14	Élisabeth d'Autriche.	151
HENRI III, fr.	15	Louise de Lorraine.	155

BRANCHE DES BOURBONS.

4	5	6	7
HENRI IV.	22	1° Marguerite de Valois. 2° Marie de Médicis.	159

XIII° SIÈCLE DE LA MONARCHIE FRANÇAISE.
DEPUIS L'AN 1600 JUSQU'A L'AN 1700.

4	5	6	7
LOUIS XIII, f.	33	Anne d'Autriche.	167
LOUIS XIV, f.	72	Marie-Thérèse d'Autriche.	172

XIV° SIÈCLE DE LA MONARCHIE FRANÇAISE.
DEPUIS L'AN 1700 JUSQU'A L'AN 1800.

4	5	6	7
LOUIS XV, pet.-f.	59	Marie de Pologne.	184
LOUIS XVI, pet.-f.	19	Marie-Antoinette d'Autriche.	193
Assemblée constituante. . . .		. . . .	195
Assemblée législative		. . . .	198
Convention nationale.		. . . .	201

1	2	3
	1793	Louis dix-sept, enfant, mort au Temple enfermé,
		Laisse Louis dix-huit par Condé proclamé ;
		Et des républicains les nombreux bataillons
		Repoussent l'étranger, calment les factions.
LXVII		Les Français, en l'an trois, nomment un Directoire,
		Subjuguent l'Italie et l'Egypte avec gloire.
		Bonaparte, consul, donne un code aux Français,
		Rend à l'état son culte et rétablit la paix.
LXVIII	1804	Bonaparte, empereur, est dit Napoléon ;
		En grands évènemens tout son règne est fécond :
		Aussitôt qu'il paraît, on s'enchaîne à son trône ;
		La guerre l'éleva, la guerre le détrône.

XIXe SIÈCLE DE L'ÈRE CHRÉTIENNE.

1	2	3
LXIX	1814	Louis dix-huit revient au milieu des Français ;
		Leur apporte la charte et ramène la paix.
LXX	1824	En mil huit cent vingt-cinq, de pompe environné,
		Son frère Charles dix à Reims est couronné.
		Il gouverne cinq ans, se rend maître d'Alger,
		Et tandis qu'il triomphe au rivage étranger
		D'imprudens conseillers, auxquels il s'abandonne,
		Lui font perdre en trois jours ses droits et sa couronne.
LXXI	1830	Philippe d'Orléans tiré de son palais,
		Succède à Charles dix par le choix des Français.

4	5	6	7
Gouvernement révolutionnaire.			203
Directoire exécutif.			208
Bonaparte, *consul.*		1° Joséphine Tascher de la Pagerie.	212
Napoléon, *empereur* . . . :	10	2° Marie-Louise d'Autriche.	215

XVe SIÈCLE DE LA MONARCHIE FRANÇAISE.
DEPUIS L'AN 1800.

4	5	6	7
Louis **XVIII**, fr. de L. XVI.	10	Marie-Louise de Savoie.	226
Charles **X** fr.	6	Marie-Thérèse de Savoie.	231
Révolution de Juillet. . . .	«		233
Louis Philippe		Marie-Amélie de Naples.	237

LEÇONS
DE CHRONOLOGIE
ET D'HISTOIRE.

HISTOIRE DE FRANCE.

LEÇON PRÉLIMINAIRE.

ORIGINE DES FRANÇAIS, NOTIONS SUR LES ANCIENS HABITANS DE LA GAULE.

1. Quelle est l'origine des Français? Les Français tirent leur origine de plusieurs peuples du
ord, qui, pour défendre leur liberté contre les
Romains, s'étaient réunis sous la dénomination de
Francs, c'est-à-dire *hommes libres.* Ils s'établirent
ans la Gaule au commencement du 5ᵉ siècle, pri-
ent les mœurs de leur nouvelle patrie et y fondè-
ent le royaume des Francs, qui depuis ce temps
'a cessé d'exister jusqu'à nos jours.

2. Quelles étaient les limites de la Gaule, et par
uels peuples était-elle habitée? Ce pays, qui por-
ait sous les Romains le nom de Gaule transalpine,
tait borné à l'ouest par l'Océan atlantique, au sud
ar les Pyrénées et la mer Méditerranée, à l'est

1

par les Alpes et le Rhin , et au nord par la Manche. Il était habité par plusieurs peuples indépendans, dont les principaux étaient : les BELGES au nord, entre la Seine et le Rhin , les AQUITAINS entre la Garonne et les Pyrénées , et les CELTES OU GAULOIS proprement dits, dans le reste de la Gaule.

3. *Quels étaient le caractère et les mœurs des Gaulois?* Selon les historiens de Rome et de la Grèce , les Gaulois étaient inconstans , légers, avides de nouveauté, affrontant gaîment les périls, irrésistibles dans les succès, prompts à se décourager par les obstacles; hospitaliers, affables chez eux et dominateurs chez les autres ; faisant tout par sentiment bien plus que par devoir; spirituels, aimables, frivoles, pleins de grâce et de franchise; vaillans et impétueux, ils ne respiraient que la guerre, et n'abandonnaient jamais leurs armes.

4. *Quelle était leur religion?* Leur religion, dans le principe, était simple : ils adoraient un dieu suprême sous le nom d'*Esus* ou *Mars*. Les forêts étaient leurs temples, et un chêne ou une pique était l'image de leur divinité. Mais cette religion dégénéra dans la suite en une horrible superstition, et des victimes humaines remplacèrent le gui de chêne qu'ils brûlaient dans leurs sacrifices.

5. *Quels étaient leurs prêtres?* Leurs prêtres s'appelaient Druides; ils étaient seuls dépositaires de la science, et gouvernèrent avec un empire absolu jusqu'au moment où le christianisme pé-

nétra dans la Gaule, vers le 2ᵉ siècle de l'ère chrétienne. Le principal collège, ou communauté de ces prêtres dans la Gaule, était à Chartres ; il y en avait encore un plus célèbre dans l'île d'Anglesey.

6. *Combien de temps la Gaule resta-t-elle sous la domination des Romains ?* Environ 450 ans, au bout desquels les barbares du nord de l'Europe et de l'Asie, profitant de la faiblesse de l'empire romain, envahirent la Gaule.

7. *Quels étaient les principaux de ces peuples barbares ?* Ceux de l'Europe étaient : les Francs, les Allemands, les Goths, subdivisés en Visigoths ou *Goths de l'Ouest*, Ostrogoths ou *Goths de l'Est*, et Gépides ; les Lombards, les Bourguignons, les Vandales, les Suèves, les Hérules, les Angles, les Saxons, les Danois et les Normands.

Ceux du nord de l'Asie étaient : les Huns, les Alains auxquels on peut ajouter les Arabes ou Sarrasins, quoique sortis du midi.

8. *Quels furent de tous ces peuples ceux qui se fixèrent dans la Gaule ?* Ce furent les Visigoths, qui s'établirent au midi ; les Bourguignons, qui fondèrent à l'est le royaume de Bourgogne, et les Francs, qui pénétrèrent à l'ouest de la Gaule, où vers l'an 420 de Jésus-Christ ils fondèrent le royaume de France, qui existe depuis plus de 14 siècles.

9. *Par combien de familles la France a-t-elle été gouvernée sans interruption depuis l'an 420 jusqu'à la fin du règne de Louis XVI en 1792 ?* La France

a été gouvernée par trois familles ou races, savoir : celle des MÉROVINGIENS, celle des CARLOVINGIENS, et celle des CAPÉTIENS.

10. *En combien de parties divise-t-on le temps qui s'est écoulé depuis l'an 1792 jusqu'à la révolution de 1830?* On le divise en trois grandes parties, qui sont la RÉPUBLIQUE, l'EMPIRE et la RESTAURATION ou continuation de la race des Capétiens.

11. *Combien de temps la première race, dite des MÉROVINGIENS, a-t-elle régné, et combien de rois a-t-elle donnés?* Elle a régné 3 siècles et demi environ, savoir : le 5ᵉ, le 6ᵉ, le 7ᵉ et la moitié du 8ᵉ siècle de l'ère chrétienne, en tout 334 ans ; et a donné 21 rois, si l'on ne compte comme rois de France que ceux qui ont régné à Paris.

12. *Combien d'époques principales remarque-t-on dans l'histoire des rois de la première race?* Cinq époques principales, savoir : 1° les 4 rois païens, 2° le règne de Clovis, 3° le partage qu'il fit de ses états entre ses 4 fils, 4° le partage des états de Clotaire, et la rivalité de Frédégonde et de Brunehaut, 5° enfin, le partage de la France en deux parties, l'Austrasie et la Neustrie, époque de l'origine et des progrès de la puissance des maires du palais.

13. *Combien de temps la seconde race, dite des CARLOVINGIENS, a-t-elle régné et combien de rois compte-t-on dans cette période?* Elle a régné 235 ans, pendant lesquels on compte 13 rois, dont 2 ne sont pas Carlovingiens.

14. *Quelles circonstances principales l'histoire*

de cette dynastie offre-t-elle? L'établissement de la puissance temporelle des papes, la formation du second empire d'Occident, les deux partages de la monarchie, savoir : 1° après la mort de Charlemagne, dont les enfans eurent la France, l'Allemagne et l'Italie; 2° après la mort de Charles-le-Gros qui, déposé à cause de son incapacité, laissa la France divisée en plusieurs états, et en proie au régime féodal; enfin, les incursions et les ravages des Normands, que les derniers rois de cette dynastie n'eurent pas la force de réprimer.

15. *Depuis combien de temps la troisième race, dite des Capétiens, existe-t-elle, en combien de branches se divise-t-elle, et combien de rois a-t-elle donnés jusqu'à ce jour?* Elle existe depuis 847 ans, et a donné 36 rois; elle se divise en 3 branches : la première, appelée *branche directe*, contient 14 rois, et a duré 341 ans; la deuxième, dite des *Valois*, offre 13 rois, et a duré 261 ans; la troisième, dite des *Bourbons*, qui se divise en deux branches, la branche aînée et la branche cadette, présente 9 rois et règne depuis 241 ans.

———

ROIS DE LA PREMIÈRE RACE,
DITE DES MEROVINGIENS.

Ve SIÈCLE DE L'ÈRE CHRÉTIENNE,
DEPUIS L'AN 420 JUSQU'A L'AN 500.

1.

PHARAMOND.
Règne de 420 à 428.

En l'an quatre cent vingt, Pharamond, premier roi,
Est connu seulement par la salique loi.

16. *Qui était et quand vivait Pharamond, que plusieurs historiens regardent comme le premier roi des Francs, mais dont l'existence est douteuse?* C'était, dit-on, un des chefs des Francs, qui fut élu vers l'an 420 de Jésus-Christ, et régna pendant 8 ans à Trèves, ainsi que sur une partie de la France.

17. *Quelle loi particulière Pharamond établit-il parmi les siens?* La loi salique, dont un des articles interdit aux femmes, même encore aujourd'hui, le droit à l'hérédité de la couronne des Français.

18. *Pourquoi la loi salique interdisait-elle aux femmes ce droit d'hérédité?* Parce que les Francs, peuple naturellement guerrier et accoutumé à n'avoir pour roi qu'un général, n'auraient jamais pu se

soumettre au commandement d'une femme. Ils craignaient aussi que les femmes, en contractant des alliances avec des princes voisins, ne fissent passer la couronne en des mains étrangères.

19. *Quelle partie de la Germanie occupaient originairement les Francs?* Les Francs, dont les plus remarquables étaient les Saliens, qui ont donné leur nom à la loi salique, habitaient le long de la rive droite du Rhin.

2.

CLODION.

Règne de 428 à 448.

Clodion, second roi, nommé le Chevelu,
Au fier Aétius cède deux fois vaincu.

20. *Pourquoi Clodion, successeur de Pharamond, l'an 428, fut-il surnommé* le Chevelu? A cause de la longue chevelure qu'il portait, et qu'il fit porter aussi au prince du sang royal, comme marque de leur puissance.

21. *Que faisait-on aux princes qui étaient jugés incapables ou indignes de régner?* On les rasait, c'est-à-dire qu'on coupait leur longue chevelure, et on les renfermait dans un cloître.

22. *Quelles villes Clodion conquit-il d'abord à la tête des armées?* Il prit Cambrai et Tournai, mais il fut défait par Aétius, général des Romains, auxquels les Gaules appartenaient alors.

23. *Que fit Clodion dès que les Romains furent occupés contre les barbares qui envahissaient l'Eu-

rope ? Il se rendit maître de l'Artois et d'Amiens, et envoya son fils assiéger Soissons.

24. *Que sait-on de la famille de Clodion ?* On ignore les noms de sa femme et de ses enfans, même de celui dont il laissa, dit-on, la tutelle à Mérovée.

3.

MÉROVÉE.

Règne de 448 à 456.

Mérovée, à Châlons, combattit Attila.

25. *Pourquoi Mérovée, qui succéda à Clodion l'an 448, fit-il alliance avec Aétius ?* Parce qu'ils avaient tous les deux à combattre un ennemi commun, Attila, roi des Huns, sorti des confins de la Hongrie avec une puissante armée.

26. *Pourquoi Attila fut-il nommé le fléau de Dieu ?* Ce fut à cause des ravages qu'il avait déjà faits partout, et en particulier quand il vint assiéger la ville d'Orléans.

27. *Quelle victoire Mérovée et Aétius, joints à Théodoric, roi des Visigoths, remportèrent-ils, l'an 451, sur Attila ?* Ils le vainquirent dans les plaines de Châlons, près de Méry-sur-Seine, en Champagne, où Théodoric fut tué.

28. *Pourquoi les rois de la première race ont-ils été dits Mérovingiens ?* Parce qu'on a toujours su qu'ils étaient issus de Mérovée, et que l'on a douté s'ils descendaient de Clodion.

4.

CHILDÉRIC.

Règne de 456 à 481.

Childéric fut chassé ; mais on le rappela.

29. *Pourquoi Childéric, fils et successeur de Mérovée, fut-il contraint d'abandonner le trône ?* Il en fut chassé la première année de son règne à cause de sa mauvaise conduite et de ses excès scandaleux.

30. *En quel pays se retira Childéric après avoir quitté la France ?* Il se retira en Thuringe, auprès de Basin, qui en était roi et chez lequel il demeura pendant 8 ans.

31. *Qui occupa le trône lorsque Childéric eut été forcé de l'abandonner ?* Ce fut Egidius, ancien général romain, dont les violences ne tardèrent pas à révolter les Français, et qui leur devint tout-à-fait odieux par les manœuvres et les intrigues de Viomad, son ministre et ami secret de Childéric.

32. *Comment Viomad fit-il savoir à Childéric que les Français étaient disposés à le recevoir ?* Il lui envoya la moitié d'un anneau, dont Childéric avait emporté l'autre moitié : c'était le signe dont ils étaient convenus.

33. *Comment se comporta Childéric après son retour ?* Il acquit de la gloire par la guerre qu'il fit à Egidius et aux Saxons ; par la prise de Co-

logne, de Trèves et de la Lorraine, et en se rendant maître de Beauvais et de Paris.

34. *Quelle princesse Childéric épousa-t-il ?* Il épousa la femme de Basin qui vint le trouver en France, et de laquelle il eut Clovis son successeur.

5.

CLOVIS.

Règne de 481 à 511.

Clovis, à Tolbiac, fait vœu d'être chrétien ;
Il défait Gondebaud, tue Alaric arien,
Entre ses quatre fils partage ses états.
Source d'atrocités, de guerres, d'attentats.

35. *Quels furent les premiers exploits de Clovis après qu'il eut succédé à son père, l'an 481 ?* Clovis fit la guerre à Siagrius, parce que ce général romain, après la mort d'Egidius, son père, gardait une sorte de royauté à Soissons.

36. *Où Siagrius se réfugia-t-il après sa défaite ?* Chez Alaric, roi des Visigoths, sur les confins de l'Espagne ; mais Clovis le réclama et le fit mourir à Soissons, où il établit dans la suite le siège de sa monarchie.

37. *Jusqu'où Clovis étendit-il sa domination après la défaite de Siagrius ?* Jusqu'à Reims, à Troyes et aux confins du royaume de Bourgogne.

38. *Quel fut le principal auteur de la conversion de Clovis à la religion chrétienne ?* Ce fut sa femme Clotilde, princesse pieuse, de la maison des rois de Bourgogne, qui lui parlait souvent du bonheur de servir le Dieu des chrétiens.

39. *Dans quelle circonstance Clovis fit-il le vœu d'être chrétien, l'an 496 ?* Ce fut à la bataille de Tolbiac, près de Cologne, en combattant les Germains qui venaient attaquer les Francs.

40. *Où Clovis, après avoir vaincu les Germains, se fit-il baptiser ?* Ce roi, avec 3000 personnes de son armée, reçut le baptême à Reims, de la main de saint Remi, le jour de Noël. C'est à cette cérémonie que plusieurs écrivains rapportent l'origine de la sainte ampoule.

41. *Que disent-ils de la sainte ampoule ?* L'huile préparée pour l'onction de Clovis ayant été perdue ou égarée, un ange en apporta d'autre dans une fiole, qui, d'un mot latin, fut nommée ampoule, et sert depuis ce temps au sacre des rois de France.

42. *Qu'arriva-t-il après la conversion de Clovis ?* Les Gaulois qui habitaient le pays depuis la Seine jusqu'à la Loire, ainsi que les Romains qui s'y trouvaient, se soumirent à son obéissance, et tous les Français, à l'exemple de leur chef, qui était alors le seul roi chrétien, embrassèrent le christianisme.

43. *Que devinrent les différens rois francs du temps de Clovis, tels que ceux de Cologne, de Térouanne, de Cambrai, du Maine, des Morins ?* Clovis prit leur pays, et les fit mourir en diverses occasions, quoiqu'ils fussent même ses parens, sous prétexte qu'ils n'avaient pas été fidèles à leurs engagemens.

44. *Quelle réponse fit Clovis à des traîtres qui se plaignaient de n'avoir pas été récompensés avec de l'or, mais avec du cuivre doré ?* « J'ai dû payer, dit-il, en fausse monnaie les services de ces faux amis qui ont trahi leur maître et leur honneur. »

45. *Quel fut le sujet de la guerre que Clovis fit à Gondebaud, roi de Bourgogne, oncle de Clotilde ?* Clovis fit la guerre à Gondebaud, et le rendit son tributaire, parce que ce prince avait tué le père de Clotilde, et s'était emparé de sa succession.

46. *Pourquoi Clovis fit-il depuis la guerre à Alaric, roi des Visigoths, hérétique arien et allié de Gondebaud ?* Parce que ce roi avait mal reçu ses ambassadeurs, et qu'il avait donné retraite à Siagrius.

47. *Quel fut le succès de la guerre de Clovis contre Alaric ?* Clovis tua Alaric de sa propre main, à la bataille de Vouillé, près de Poitiers ; et il étendit par là son royaume depuis Poitiers jusqu'à Toulouse, capitale du royaume d'Alaric.

48. *Comment Anastase, empereur d'Orient, distingua-t-il le mérite et la valeur de Clovis ?* Il lui envoya le titre et les ornemens du consul, de patrice et d'auguste, avec une couronne d'or et un manteau de pourpre.

49. *Comment la ville de Paris commença-t-elle à devenir remarquable du temps de Clovis ?* Ce roi la déclara en 508 la capitale de ses états, et y demeura jusqu'à sa mort.

5o. *Comment Clovis se conduisit-il après avoir ainsi agrandi ses états?* Il régla avec sagesse le gouvernement d'un empire composé de tant de nations différentes, et conserva à chaque peuple le privilège de vivre selon ses lois et ses coutumes.

Il conserva aussi aux temples chrétiens le droit d'asile, nécessaire dans un pays sans police, pour soustraire à la fureur du peuple, et remettre entre les mains des juges les innocens ou les coupables poursuivis par des vengeances personnelles.

51. *Quels vices contrebalancèrent les vertus de Clovis?* La cruauté et la vengeance qui le portèrent à faire mourir d'une manière barbare plusieurs de ses parens, et à tuer de sa hache un soldat qui lui avait manqué d'égards un an auparavant.

52. *A quelle occasion ce soldat manqua-t-il d'égards à Clovis?* Comme les troupes de Clovis n'étaient point soldées, elles se partageaient entre elles le butin fait sur l'ennemi ; le sort réglait ce partage, et le général n'y était pas plus favorisé que le soldat. Clovis distribuait aux siens, dans l'église de Soissons, les richesses, fruit des dernières conquêtes ; parmi les dépouilles se trouvait un vase que le roi avait demandé à ses compagnons pour le donner à saint Remi, archevêque de Reims. Au moment où les Francs, d'un commun accord, offraient à leur chef le vase sacré, un soldat s'avance hors des rangs, frappe le vase de sa hache, et s'adressant au roi : « Tu n'auras, lui dit-il, que ce que le sort t'a réservé ». Clovis se tut ; mais un an après, ren-

contrant à une revue le soldat qui lui avait manqué d'égards, et trouvant que son armure était en mauvais état, il l'étendit mort à ses pieds, en lui disant : *Souviens-toi du vase de Soissons.*

53. *Quel surnom Clovis reçut-il?* Sa déférence pour les évêques lui fit donner le surnom de *très-chrétien*, qu'il transmit à ses successeurs ; on l'appela aussi le *fils aîné de l'Eglise*, parce qu'il fut le premier roi chrétien en Europe.

54. *Quand Clovis mourut-il, combien de temps régna-t-il et où fut-il enterré?* Il mourut l'an 511 à Paris, âgé de 45 ans, après en avoir régné 30 ; il fut enterré dans l'église qu'on appelle aujourd'hui Sainte-Geneviève, qu'il avait fait bâtir à la prière de Clotilde, sa femme, sous l'invocation de saint Pierre et saint Paul.

55. *Quels enfans laissa Clovis ?* Il laissa quatre fils : 1° *Thierri*, qu'il avait eu avant d'épouser Clotilde; 2° *Clotaire*; 3° *Clodomir*; 4° *Childebert*.

56. *Quel royaume eut chacun des enfans de Clovis?* Thierri fut roi de Metz ou d'Austrasie; *Clotaire*, roi de Soissons; *Clodomir*, d'Orléans; et *Childebert*, de Paris.

37. *Quelles furent les suites de ce partage?* Ce fut pour les enfans de Clovis une source de discordes et de crimes, et pour la France un sujet de guerres intestines.

58. *Que comprenaient les 4 royaumes établis après la mort de Clovis ?* Celui de Thierri 1er comprenait

sous le nom d'*Austrasie* ou pays d'Orient, toutes les terres au-delà du Rhin et un grand espace en deçà, entre ce fleuve et la Meuse; Metz en était la capitale.

Celui de Clodomir, dont la capitale était Orléans, comprenait, sous le nom de *Neustrie* ou pays d'Occident, la Sologne, la Beauce, le Blesais, le Gatinais, l'Anjou et le Maine.

Celui de Childebert, qui établit son séjour à Paris, se composait des comtés de Paris, de Melun, de Chartres, auxquels se joignaient le Perche, la Normandie et la Bretagne.

Celui de Clotaire, qui s'établit à Soissons, embrassait la Picardie, l'Artois et toutes les conquêtes qu'il pourrait faire en Flandre jusqu'à l'Océan.

VIᵉ SIÈCLE DE L'ÈRE CHRÉTIENNE,

DEPUIS L'AN 500 JUSQU'A L'AN 600.

6.

CHILDEBERT I.

Règne de 511 à 558.

Childebert en cinq cent eut Paris en partage ;
Les Bourguignons, les Goths éprouvent son courage.

59. *A qui Childebert, Clodomir et Clotaire, fils de Clovis, firent-ils la guerre?* A Sigismond, roi de Bourgogne, fils de Gondebaud, parce que ce prince

retenait une partie du royaume de Bourgogne, qui devait revenir à Clotilde, leur mère.

60. *Que devint Sigismond dans la guerre contre les enfans de Clovis?* Il tomba entre les mains de Clodomir, qui le fit jeter dans un puits avec sa femme et ses enfans.

61. *Comment Clodomir fut-il puni de sa cruauté envers Sigismond?* Il fut tué lui-même l'an 524, dans la guerre qu'il recommença contre Gondemar, frère de Sigismond ; et ses frères Clotaire et Childebert tuèrent deux de ses fils Théobald et Gonthaire, pour avoir leur succession.

62. *Comment le troisième enfant de Clodomir nommé* Cloud ou Clodoalde, *évita-t-il la fureur de ses oncles?* Ce fut en embrassant la vie religieuse dans une retraite nommée alors Nogent, et depuis Saint-Cloud.

63. *Quelle fut l'issue de la guerre que Childebert et Clotaire firent à Gondemar, roi de Bourgogne?* Gondemar fut fait prisonnier, et les deux frères, Childebert et Clotaire, réunirent, en 532, la Bourgogne à leurs états.

64. *Que comprenait le royaume de Bourgogne?* Ce royaume, qui avait commencé dans les Gaules vers l'an 413, comprenait le duché de Bourgogne, la Franche-Comté, la Provence, le Dauphiné, le Lyonnais, la Suisse et la Savoie.

65. *Que fit Thierri pendant la guerre de ses frères contre Sigismond?* Il ne prit aucune part à leurs

crimes; il régna paisiblement en Austrasie, et à sa mort il laissa ses états à Théodebert son fils, et celui-ci les transmit à son fils Théodebald, qui mourut sans postérité et dont la veuve épousa Clotaire Ier.

66. *Par quelle trahison Thierri s'était-il emparé de la Thuringe, l'an 530?* Etant secondé par son frère Clotaire, roi de Soissons, il fit la guerre à Hermanfroi, roi de Thuringe; puis, ayant feint de lui accorder la paix, il le fit précipiter du haut des murs de Tolbiac, où il l'avait attiré sous la promesse de le bien traiter.

67. *Quels pays Théodedert, roi d'Austrasie, et fils de Thierri, réunit-il à la domination des Francs?* Il réunit à la domination des Francs Marseille, Arles et tout ce que les Ostrogoths possédaient encore dans les Gaules. Vitigès, roi d'Italie, lui en fit l'abandon vers 536, en reconnaissance des secours qu'il avait reçus de lui contre Bélisaire, général de l'empereur Justinien, qui lui-même confirma depuis cette concession.

68. *Quelle conquête firent conjointement les deux frères Childebert et Clotaire?* Celle d'une partie de l'Espagne jusqu'à Sarragosse, où les habitans, pleins de confiance dans la protection de leur patron saint Vincent, se défendirent avec un courage étonnant. Cependant, se voyant hors d'état de résister plus long-temps, il obtinrent la levée du siège, en offrant à Childebert la tunique de saint Vincent et quelques morceaux de la vraie croix.

69. *Quel monument construisit Childebert lorsqu'il*

fut de retour à Paris de la guerre d'Espagne? Ayant conçu de la dévotion pour le martyr saint Vincent que les Espagnols vénéraient hautement, il lui fit bâtir une église, appelée aujourd'hui Saint-Germain-des-Prés, où il déposa les reliques qu'il avait rapportées de Sarragosse.

70. *Quand Childebert mourut-il, et où fut-il enterré?* Il mourut en 558, ne laissant que des filles, et fut enterré dans l'église Saint-Germain-des-Prés.

SYNCHRONISMES. *L'an 527, Bélisaire et Narsès, généraux de Justinien, empereur d'Orient, se distinguent par leurs victoires ; sept ans après, l'an 534, Gelimer, dernier roi des Vandales, est détrôné et son empire détruit par Bélisaire, si célèbre depuis par ses malheurs.*

7.

CLOTAIRE.

Règne de 558 à 561.

Le règne de Clotaire en crimes est fécond,
Sa mort plonge la France en un trouble profond.

71. *Comment Clotaire, roi de Soissons et dernier des fils de Clovis, réunit-il en lui seul la monarchie française, l'an 558?* Il hérita du royaume d'Austrasie par la mort de Théodebald, petit-fils de Thierri, dont il épousa la veuve ; et, en vertu de la loi salique, il succéda, dans le royaume de Paris, à Childebert, son frère, qui, en mourant, n'avait laissé que des filles.

72. *Comment Clotaire punit-il la révolte de son fils Chramme, qui s'était retiré chez Conobre, roi de Bre-*

tagne? Ayant défait les Bretons, il fit brûler Chramme avec sa femme et ses enfans dans une cabane où ils s'étaient retirés.

73. *Comment vécut Clotaire après avoir exercé cette vengeance atroce contre son fils?* Il mourut dans une tristesse profonde, qui, un an après, en 561, le précipita dans le tombeau le même jour, dit-on, et à la même heure qu'il avait ordonné la mort de son fils, de sa bru et de son petit-fils. Son règne ne fut qu'un tissu de cruautés, de meurtres et de crimes de toute espèce.

74. *Quelle sentence mémorable Clotaire prononça-t-il avant d'expirer?* « Hélas ! dit-il, que doit être le roi du ciel, puisqu'il fait mourir ainsi les plus grands rois de la terre ?

75. *Comment la monarchie française fut-elle partagée entre les 4 enfans de Clotaire?* Ce prince n'ayant pas désigné son successeur, ses états furent démembrés par ses 4 fils, qui se les partagèrent par le sort. *Sigebert* fut roi de Metz ou d'Austrasie ; *Gontran*, d'Orléans ; *Chérébert*, de Paris, et *Chilpéric*, de Soissons. Ce partage fut pour la France une source de nouveaux troubles et de nouvelles atrocités.

8.

CHÉRÉBERT ou CARIBERT.

Règne de 561 à 567.

Par saint Germain puni, Chérébert vit en paix,
Il voit l'autorité des maires du palais.

76. *Quel vice reproche-t-on à Chérébert ou Cari-*

bert, *roi de Paris?* Celui de l'incontinence, qui le fit mépriser de ses sujets, et qui força saint Germain, évêque de Paris, à lui interdire l'usage des sacre-mens.

77. *Quelle puissance commença à s'élever en France sous le règne de Chérébert?* Celle des maires du palais qui, n'étant d'abord que de simples of-ficiers du palais, parvinrent dans la suite à s'empa-rer du pouvoir royal.

78. *Comment, après la mort de Chérébert, l'an 567, ses 3 frères partagèrent-ils entre eux ses états?* Chérébert n'ayant laissé que des filles, ses frères lui succédèrent et formèrent 3 royaumes : *Chilpéric,* roi de Soissons, eut l'état de Paris, et fut appelé roi de Neustrie ; *Sigebert* eut l'Austrasie en entier, et *Gontran,* roi d'Orléans, eut la Bourgogne.

79. *Quelles furent les suites de ce partage?* Ces 3 princes furent continuellement en guerre, exci-tés par deux princesses, Brunehaut, femme de Si-gebert, et Frédégonde, femme de Chilpéric, trop célèbres par les troubles, les guerres et les crimes dont elles ont été les auteurs ou les causes.

9.

CHILPÉRIC I.

Règne de 567 à 584.

Chilpéric de la France est nommé le Néron,
Épouse Frédégonde et meurt par trahison.

80. *Comment Chilpéric Ier se conduisit-il pendant son règne?* Il souilla son règne par les intrigues,

les trahisons, l'hypocrisie et les crimes de toute espèce : il fit étrangler dans son lit sa deuxième femme *Galsuinde*, fille d'Atanagilde, roi des Visigoths, pour épouser Frédégonde, son ancienne favorite, meurtrière d'Audovère, sa première femme, et des enfans qu'il avait eus de cette union.

81. *Comment mourut Sigebert, frère de Chilpéric?* Chilpéric, jaloux de la puissance de Sigebert en Austrasie, se jeta sur ses états, aidé de Gontran, roi d'Orléans; mais Sigebert les mit en déroute, et poursuivit Chilpéric à outrance. Il était sur le point de le faire prisonnier, lorsque au milieu de ses succès il fut assassiné par deux émissaires de Frédégonde.

82. *Quelle fut la mort de Chilpéric?* Ce roi, que saint Grégoire de Tours appelle le Néron et l'Hérode de son temps, fut assassiné à Chelles, en revenant de la chasse, l'an 584. Il laissa ses états à son fils Clotaire II, encore au berceau, et qui, devenu grand, se montra digne fils de Frédégonde.

83. *Quels soupçons eut-on dans le temps au sujet de la mort de Chilpéric?* On crut que Frédégonde, qui l'avait poussé à commettre toutes sortes de forfaits, et Landri, maire du palais, favori de Frédégonde, avaient été les auteurs du meurtre de ce prince.

84. *Comment Gontran, 4ᵉ fils de Clotaire, fut-il distingué après sa mort, l'an 593, et à qui laissa-t-il ses états?* L'Église le mit au nombre des saints,

à cause de son attachement sincère à la religion et de son amour pour la justice. Etant mort sans enfans, il laissa ses états à Childebert II, fils de Sigebert.

85. Quelle faute reproche-t-on à Gontran, prince vertueux sans doute, mais d'un esprit extrémement borné? Gontran se crut obligé de faire exécuter fidèlement le testament de sa femme Austrigilde, qui avait demandé en mourant, qu'on ôtât la vie à ses deux médecins parce qu'ils ne l'avaient pas guérie.

10.

CLOTAIRE II.

Règne de 584 à 628.

De Brunéhaut, Clotaire ordonne le supplice;
Il défait les Saxons et règne avec justice.

86. Que fit Frédégonde après la mort de Chilpéric? Son fils Clotaire II n'ayant que quatre mois, elle se fit nommer régente, et se livra librement à toute la haine qu'elle portait à la reine d'Austrasie.

87. Quand et comment mourut Frédégonde? Elle mourut l'an 597, tranquille, dit-on, dans son lit, s'il est possible de l'être après avoir commis tant de crimes.

88. Comment Clotaire II, fils de Chilpéric Ier et de Frédégonde, se conduisit-il envers Brunehaut? Après que cette princesse ambitieuse eut été chassée toute nue de l'Austrasie par les grands du royaume,

il l'accusa d'avoir fait périr 10 rois, et la fit condamner militairement à une mort infâme et cruelle.

89. *A quel nouveau genre de supplice Clotaire II
fit-il condamner Brunehaut, l'an 613?* La sentence
portait que cette princesse serait abandonnée pendant trois jours aux insultes de la soldatesque et à
la cruauté des bourreaux, et qu'elle serait traînée
ensuite à la queue d'une cavale indomptée jusqu'à
ce qu'elle y pérît. Elle était âgée de 70 ans.

90. *Comment Clotaire II se conduisit-il après la
mort de sa mère?* Délivré des mauvais exemples
qu'il avait sous les yeux, et des conseils perfides
qui le faisaient agir, il effaça vers la fin de son
règne, par des actes de modération et de justice,
les barbaries qu'on lui a reprochées au commencement.

91. *Comment Clotaire II divisa-t-il ses états de
son vivant?* Devenu seul maître de toute la France,
il gouverna lui-même la Neustrie, aidé de Gon-
dolon, maire du palais, et céda l'Austrasie et la
Bourgogne à son jeune fils Dagobert, sous la sur-
veillance de saint Arnoul, archevêque de Metz,
de Pépin-le-Vieux ou de Landen, maire d'Austrasie, et de Varnachaire, maire de Bourgogne.

92. *En quoi cette division du gouvernement de Clotaire II mérite-t-elle de fixer l'attention?* Jusqu'a-
lors les maires du palais avaient été amovibles. Clotaire, qui avait des ménagemens à garder avec eux,
les nomma à vie. Bientôt les rois n'eurent plus le

droit de les nommer, et ces officiers finirent par obtenir que leur charge devînt héréditaire.

93. *Que fit Clotaire II après que son fils Dagobert roi d'Austrasie, eût été vaincu et blessé par les Saxons, qui avaient voulu se soustraire à sa puissance?* Il alla lui-même le venger, défit les Saxons, poursuivit leur chef Berthould, l'atteignit, lui abattit la tête d'un seul coup et la fit porter au haut d'une pique. La déroute des Saxons fut complète.

94. *Combien de temps vécut Clotaire II après sa victoire sur les Saxons, l'an 628?* Il mourut dans la même année, laissant deux fils, savoir : *Dagobert*, qui lui succéda, et *Charibert*, roi d'une partie de l'Aquitaine.

95. *Quelle opinion Clotaire II laissa-t-il de lui?* Habile dans l'art de gouverner, populaire, affable et libéral, il fut surnommé le grand, et un code de lois qu'il laissa aux Francs lui donna une place distinguée entre les législateurs.

SYNCHRONISMES. *L'an 622, Mahomet, dit le Prophète, établit une religion nouvelle; forcé de fuir de la Mecque, sa patrie, il se réfugie à Médine et fonde l'empire des Sarrasins. C'est de cette retraite que date l'ère des Mahométans, appelée Hégire, qui signifie fuite ou persécution : elle correspond au 16 juillet 622.*

VIIe SIÈCLE DE L'ÈRE CHRÉTIENNE,

DEPUIS L'AN 600 JUSQU'A L'AN 700.

11.

DAGOBERT.

Règne de 628 à 638.

Vers six cent, Dagobert construisit Saint-Denis.

96. *Quels états possédait Dagobert Ier, fils de Clotaire II?* Il fut roi d'Austrasie, du vivant de son père, en 622 ; de Neustrie, de Bourgogne, en 628 ; et d'Aquitaine, par la mort de son frère, en 631.

97. *Contre qui Dagobert Ier se distingua-t-il à la guerre, et quels monumens laissa-t-il?* Il se signala contre les Esclavons, les Saxons, les Gascons et surtout contre les Bretons, et publia les lois des Francs avec des corrections et des augmentations. Il a aussi fondé, l'an 628, la magnifique église ainsi que le fameux monastère de Saint-Denis, auquel il donna l'oriflamme pour bannière.

98. *Qu'arriva-t-il de remarquable dans le gouvernement vers la fin du règne de Dagobert?* Comme ce prince était tout-à-fait plongé dans les plaisirs, l'autorité des maires du palais parvint nécessaire-

ment à absorber presque en entier l'autorité royale. Avec lui disparut la gloire des Mérovingiens.

99. *Dans quel état la France se trouva-t-elle après la mort de Dagobert Ier ?* Jusque-là il y avait eu en France un gouvernement, une police, un goût pour les sciences, bien imparfait à la vérité ; mais après lui, c'est-à-dire sous les rois fainéans, il n'y eut plus qu'anarchie, licence et ignorance profonde, jusqu'à l'extinction de la race mérovingienne.

100. *Quels enfans laissa Dagobert en mourant l'an 638, et quelle partie de ses états donna-t-il à chacun ?* Il laissa *Sigebert* auquel il avait donné de son vivant l'Austrasie, à la sollicitation des peuples du pays ; et *Clovis II*, qui eut la Neustrie et la Bourgogne, sous la tutelle de sa mère Nantilde et d'Ega, maire du palais.

101. *Comment la France se trouva-t-elle partagée à la mort de Dagobert Ier ?* En deux parties, savoir : en France Orientale ou Austrasie, et en France Occidentale ou Neustrie qui comprenait aussi le royaume de Bourgogne.

12.

CLOVIS II.

Règne de 638 à 656.

Le peuple est soulagé par le second Clovis.

102. *Pourquoi Clovis II fit-il la guerre à Grimoald et quelle fut l'issue de cette guerre ?* Ce fut parce que cet ambitieux avait voulu mettre son propre fils sur le trône d'Austrasie, au préjudice des successeurs légitimes de Sigebert, frère de Clovis. Grimoald vaincu fut condamné à une prison perpétuelle l'an 656.

103. *Comment la France fut-elle gouvernée après la mort de Pépin-le-Vieux et d'Ega ?* Ces deux maires du palais s'étaient concilié l'amour de tous les Français, par la douceur et la modération de leur administration : Pépin fut remplacé en Austrasie par son fils Grimoald, et Ega le fut en Neustrie seulement par Erchinoald, parent de Clovis II. Les Bourguignons ayant aussi voulu avoir un maire, Flavent fut promu à cette dignité par Nantilde, qui, tant qu'elle vécut, sut maintenir la bonne intelligence entre ces trois royaumes.

104. *Quel fut le successeur de Grimoald à la maison d'Austrasie ?* Clovis II, devenu seul maître des deux royaumes par la mort de son frère, ne mit point de maire à la place de Grimoald : il n'en mit point non plus en Bourgogne à la place de Flavent, de sorte qu'il n'y eut plus pour les trois royaumes qu'un seul roi, Clovis II, et qu'un seul maire, Erchinoald.

105. *Jusqu'où Clovis porta-t-il la charité envers les pauvres ?* Dans un temps de disette, après avoir épuisé le trésor pour secourir ses sujets, il fit enlever les lames d'argent dont son père Dagobert avait fait couvrir le chevet du tombeau de Saint-Denis, et en distribua le produit aux pauvres.

106. *Quelle est l'opinion la plus générale par rapport à Clovis II?* C'est qu'on peut le mettre à la tête des rois fainéans, et que ce fut sous son règne que l'on vit pour la première fois :

> Quatre bœufs attelés, d'un pas tranquille et lent,
> Promener dans Paris le monarque indolent.

107. *Pourquoi donne-t-on aux derniers rois Mérovingiens le surnom de fainéans ?* Ces princes sont ainsi surnommés, non pas tant parce qu'ils n'ont rien fait que parce qu'ils ont presque tous été dans l'impossibilité d'agir, soit à cause de leur jeune âge, soit à cause de l'ascendant que prirent sur eux les maires du palais.

108. *Quels enfans laissa Clovis II, mort l'an 656, à l'âge de 26 ans ?* Il laissa trois fils, Clotaire III, roi de Neustrie, âgé de 5 ans, qui succéda à son père ; Childéric II, qui à l'âge de 18 ans, succéda à son frère Clotaire III, mort sans enfans, et Thierri, qui d'abord n'eut point de couronne, mais qui, par la suite, à l'âge de 22 ans, succéda à Childéric II.

SYNCHRONISME. *L'an 640, Amrou, général du calife Omar, s'empare d'Alexandrie et fait mettre le feu à la riche bibliothèque de cette ville.*

13.

CLOTAIRE III.

Régne de 656 à 670.

Clotaire trois, enfant, ne fut roi que de nom.

109. *A qui fut confiée l'autorité pendant la mi-norité de Clotaire III, déclaré roi de Neustrie et de Bourgogne après la mort de son père Clovis II ?* A sainte Bathilde, sa mère, Anglaise d'origine, qui, aidée des conseils de saint Eloi et de saint Léger, gouverna le royaume avec beaucoup de sagesse et de prudence.

110. *Comment la France fut-elle administrée après que sainte Bathilde se fut retirée au monas-tère de Chelles?* Ebroin, maire du palais, s'empara de toute l'autorité, et il l'exerça en se faisant dé-tester par ses cruautés et par ses injustices.

111. *Quand et comment finit Clotaire III ?* Il mourut, l'an 670, âgé de 17 ans et sans posté-rité.

112. *Par quels moyens Thierri Ier, le plus jeune des trois enfans de Clotaire II, monta-t-il sur le trône, au préjudice de son frère aîné, Chil-déric II, roi d'Austrasie, l'an 670 ?* Il y monta par les intrigues d'Ebroin, maire du palais; mais peu de temps après, il fut rasé par ordre de son frère Childéric II, et fut renfermé dans l'abbaye de Saint-Denis.

2.

14.

CHILDÉRIC II.

Règne de 670 à 673.

Childéric est tué par le fier Bodillon.

113. *Comment se conduisit Childéric II, maître absolu de la Neustrie et de l'Austrasie, l'an 670 ?* Tant qu'il suivit les conseils de saint Léger, évêque d'Autun, il fut cher aux Français ; mais, après la mort de ce saint prélat, s'étant livré à toutes sortes de débauches et de cruautés, il leur devint odieux.

114. *Par qui Childéric II fut-il tué dans la forêt de Livry, l'an 673 ?* Par Bodillon, gentilhomme français, à qui le roi avait fait donner injustement les étrivières, parce que ce seigneur lui avait représenté avec liberté et noblesse les dangers d'une imposition excessive.

115. *Childéric II mourut-il sans enfans ?* Non, il laissa un fils, Chilpéric Daniel qui fut renfermé dans un cloître.

15.

THIERRI I.

Règne de 673 à 691.

Thierri le Fainéant sous Ébroin fut roi.

116. *A quelle occasion Thierri Ier ou Théodoric sortit-il de l'abbaye de Saint-Denis, où il avait été renfermé ?* Ce fut l'an 673, à la mort de son frère

Childéric II, dont il devait, par droit de succession, occuper le trône.

117. *Par qui Thierri Ier se laissa-t-il gouverner ?* Par ce même Ebroin, qui lui avait déjà fait usurper le trône avant Childéric II, et qui, devenu puissant une seconde fois, sacrifia plusieurs têtes illustres à ses ressentimens particuliers.

118. *Comment finit Ebroin, l'an 681 ?* Il fut tué par Hermanfroi, qui lui fendit la tête d'un coup de hache, pour le punir des vexations qu'il lui avait fait endurer.

119. *Par qui Pépin Héristel fut-il nommé à la mairie d'Austrasie, après la mort d'Ebroin ?* Par les Austrasiens eux-mêmes, qui, refusant de reconnaître Thierri Ier, se nommèrent pour chefs, sous le nom de ducs des Français, Martin et Pépin Héristel ou d'Herstal.

120. *Que fit Thierri dans cette occasion ?* Il marcha contre les Austrasiens, pour les faire rentrer dans le devoir. Martin fut tué en combattant: mais Thierri tomba au pouvoir de Pépin, qui le força de le reconnaître pour maire de Neustrie et de Bourgogne.

121. *Quels enfans eut Thierri Ier, mort l'an 691 ?* Il eut Clovis III et Childebert II, qui furent tous deux rois de France après lui et laissèrent les rênes du gouvernement entre les mains de Pépin Héristel.

16.

CLOVIS III.

Règne de 691 à 695.

Sous Clovis trois, Pépin des Saxons fut l'effroi.

122. *Combien de temps et comment régna Clovis III, fils de Thierri, et son successeur, l'an 690?* Ce roi, après avoir régné environ 5 ans sous la tutelle de Pépin-le-Gros ou Héristel, maire du palais, qui avait concentré en soi l'autorité royale, mourut en 695, âgé de 14 ans.

17.

CHILDEBERT II.

Règne de 695 à 711.

Childebert deux est roi sous le même Pépin.

123. *Comment régna Childebert II, dit le Juste, frère et successeur de Clovis III, l'an 695?* Monté sur le trône à l'âge de 12 ans, il en régna 16, mais toujours sous la tutelle de Pépin Héristel, maire du palais, qui ne lui donna aucune part au gouvernement.

124. *Quelle opinion a-t-on eue de Childebert II, mort l'an 711?* Il ne manquait pas, dit-on, de capacité; et il aurait pu être le restaurateur de la monarchie, s'il eût eu la liberté d'agir.

VIIIe SIÈCLE DE L'ÈRE CHRÉTIENNE,

DEPUIS L'AN 700 JUSQU'A L'AN 800.

18.

DAGOBERT II.
Règne de 711 à 715.

Son fils Dagobert deux d'Héristel voit la fin.

125. *Combien de temps régna Dagobert II, fils de Childebert II, roi de Neustrie ?* Il succéda à son père l'an 711, et mourut, après avoir régné environ 5 ans, toujours sous le joug de Pépin Héristel, maire du palais, l'an 715.

126. *Quelle opinion a-t-on de Pépin Héristel, comment se conduisit-il sous les règnes de Thierri Ier, de Clovis III, de Childebert II et de Dagobert II, et combien de temps gouverna-t-il ?* Doué de toutes les qualités qui forment l'homme d'état et le héros, personne ne connut mieux que lui l'art de gouverner les esprits ; il parvint, dans l'espace de 27 ans qu'il régna en quelque sorte sur la France, à rétablir l'ordre et la justice. Il mourut, en 714, laissant deux fils, Charles, appelé depuis Charles Martel, et Childebrand, que l'on regarde comme trisaïeul de Robert-le-Fort, tige des rois de la troisième race.

127. *Que fit vers ce temps Charles Martel, fils naturel du maire Pépin ?* Après la mort de Pépin,

son père, qui avait laissé la mairie à Théobald, son petit-fils, Charles s'échappa de la prison où Plectrude, sa belle-mère, l'avait fait enfermer, et commença à se livrer à ses projets ambitieux.

128. Quels enfans Dagobert laissa-t-il en mourant? Il laissa un fils au berceau, nommé Thierri, appelé depuis Thierri de Chelles, auquel les Français préférèrent Chilpéric II, dit *Daniel.*

19.

CHILPERIC II.

Règne de 715 à 720.

Vaincu dans un combat, Chilpéric Daniel
Cède au roi fainéant que fit Charles Martel.

129. Qui était et d'où venait Chilpéric II, nommé auparavant Daniel? Il était fils de Childéric II. Il vivait retiré dans un monastère, où il était déjà parvenu à l'âge de 40 ans.

130. Quel succès eut Chilpéric II, lorsque Rainfroi, maire du palais, le mit à la tête des troupes contre Charles Martel? Il fut défait et contraint de se retirer chez Eudes, roi d'Aquitaine.

131. Que fit Charles Martel après avoir défait Chilpéric Daniel? Il fit reconnaître pour roi Clotaire IV, fils de Dagobert, roi d'Austrasie, province d'où il le retira pour en faire un fantôme de roi.

132. Que fit Charles Martel après la mort de Clotaire IV, l'an 720? Il obligea Eudes, roi d'Aquitaine, à lui remettre entre les mains Chilpéric Daniel, et se contenta d'être maire du palais de Thierri II.

20.
THIERRI II.
Règne de 720 à 737.

Thierri deux, étranger aux exploits de son règne,
Meurt et laisse après lui cinq années d'interrègne.

133. *De qui était fils Thierri II ?* Il était fils unique de Dagobert II, qui l'avait laissé au berceau.

134. *Pourquoi Thierri II fut-il surnommé de Chelles ?* Parce que Charles Martel l'avait tiré de ce monastère, à l'âge de 7 ou 8 ans, pour le placer sur le trône, voulant garder pour lui-même toute l'autorité royale.

135. *Quelle victoire remporta Charles Martel, l'an 732 ?* Il tailla en pièces, près de Tours, plus de 300,000 Sarrasins qui, après avoir subjugué l'Espagne, étaient venus sous la conduite d'Abdérame, leur chef, essayer de soumettre la France à la loi de Mahomet. Cette victoire acquit à Charles le surnom de *Martel*, qui signifie marteau, comme s'il se fût servi d'un marteau pour écraser ces barbares.

136. *Qu'arriva-t-il après la mort de Thierri II, l'an 737 ?* Il y eut un interrègne de 5 ans, jusqu'en 742, parce que Charles Martel n'avait voulu faire prendre à aucun prince la qualité de roi.

137. *Quand et où mourut Charles Martel ?* Il mou

rut dans son lit, l'an 741, âgé de 50 ans, à Quercy-sur-Oise, laissant le gouvernement du royaume à ses deux fils Carloman et Pépin, dit le *Bref*. Il fut enterré avec pompe à Saint-Denis, sépulture des rois.

138. *Que firent Carloman et Pépin, l'an 742, pour rendre leur autorité moins suspecte aux Français ?* Ils donnèrent le titre de roi à Childéric III, nommé l'*Idiot*, et fils de Chilpéric Daniel, en le laissant dans une inaction totale.

139. *Comment Carloman se retira-t-il du gouvernement ?* Après avoir remporté avec son frère Pépin plusieurs victoires sur les Saxons, les Bavarois et les Aquitains, il quitta le monde, et se fit religieux au mont Cassin.

21.

CHILDÉRIC III.
Règne de 742 à 752.

Childéric trois, rasé, fut dernier de sa race.

140. *Quels moyens adroits employa Pépin pour expulser Childéric III de ce même trône, où il avait eu l'air de le placer ?* Il consulta le pape Zacharie pour savoir « s'il était à propos de laisser sur le trône de France des princes qui n'en avaient que le nom », et le pape lui ayant répondu « qu'il valait mieux donner la titre de roi à celui qui en avait le pouvoir », il prit pour lui-même le titre de roi de France, et légitima ainsi son usurpation.

141. *Que devint alors Childéric III ?* Par ordre

de Pepin, il fut rasé et renfermé l'an 752 dans le monastère de Saint-Bertin, où il mourut trois ans après, à l'âge de 18 ans.

142. *En quoi la déposition de Childéric III est-elle remarquable?* En ce que, sans aucune commotion, elle mit fin à la première race dite des *Mérovingiens*, qui donna 21 rois, à ne prendre que ceux de Paris, et près de 40, si l'on comptait ceux qui régnèrent en Austrasie, en Neustrie, dans l'Orléanais e le Soissonnais.

MOEURS ET COUTUMES DES FRANÇAIS

SOUS LES ROIS DE LA PREMIÈRE RACE.

143. *Comment les rois de la première race étaient-ils reconnus par la nation?* Ces rois, qui, selon quelques historiens, se succédaient par droit de légitimité, et selon d'autres par élection, étaient proclamés en pleine campagne, en présence des seigneurs et du peuple assemblés sous les armes. On élevait sur un bouclier le nouveau roi, et on le promenait ainsi trois fois autour du camp, aux acclamations de tous les spectateurs.

144. *Quelles étaient les prérogatives des rois?* Les rois, qui n'étaient guère dans l'origine que des chefs militaires, commandaient les armées, et partageaient également avec les soldats le butin fait sur les ennemis et qui se tirait au sort. Ils avaient le droit absolu de déclarer la guerre ou de conclure la paix, de prélever les impôts et de

nommer aux diverses charges publiques, civiles et militaires.

145. *Quelles étaient, sous les rois de la première race, les assemblées nationales?* Toutes les troupes s'assemblaient au mois de mars, sous les ordres de leurs chefs, et se présentaient au roi : ces assemblées se nommaient *Champ de Mars*. On y réglait les intérêts de la monarchie. Sous le règne de Pepin, elles furent remises au mois de mai. C'étaient les grandes assemblées. D'autres, sous le nom de *Cours plénières*, se tenaient à Noël et à Pâques, elles étaient moins imposantes que les premières.

146. *En quoi consistaient les domaines des rois ?* C'étaient moins, comme aujourd'hui des châteaux et des palais, que de riches métairies, des bois, des étangs, des troupeaux, des haras, des esclaves, qui faisaient la richesse des rois.

147. *Quelles étaient les différentes conditions reconnues dans la nation ?* La nation était divisée en trois classes, savoir : les *hommes libres*, les *lides* ou *lites* et les *serfs* ou *esclaves*.

Les *hommes libres* possédaient leurs biens en toute propriété, et n'étaient assujétis à d'autres charges qu'au service militaire et à la contribution générale.

Les *lides* étaient des affranchis jouissant d'une demi-liberté; ils faisaient valoir des terres moyennant une redevance qu'ils payaient aux propriétaires. Ils étaient attachés à la glèbe, c'est-à-dire voués à perpétuité, eux et leur famille, à la culture de la portion de terre qui leur était assignée, quel qu'en fût le propriétaire.

Les *esclaves* étaient entièrement privés de leur liberté; ils étaient vendus au marché. Des hommes libres ou des lides se vendaient quelquefois pour payer leurs dettes ou par dévotion : dans ce dernier cas, c'était aux églises qu'ils appartenaient.

148. *Comment l'armée était-elle composée et quelles étaient les armes défensives et offensives dont se servaient les soldats?* L'armée jusqu'à Charles Martel n'était composée que d'infanterie : il n'y avait point de troupes régulières; tout homme était soldat dans l'occasion, et quand la guerre était terminée, chacun rentrait dans ses foyers.

Leurs armes offensives étaient l'épée, le javelot, la francisque ou hache à deux tranchans, la massue et la hallebarde.

Les troupes avaient pour arme défensive un bouclier, dont la perte, ainsi qu'à Sparte, entraînait l'infamie. Un soldat qui fuyait devant l'ennemi était plongé dans un bourbier.

149. *Quels étaient les principaux articles de la loi salique ou des Saliens?* On peut citer les suivans : 1° Les mâles seuls héritaient des terres conquises comme aussi de la couronne; 2° les plus grands crimes pouvaient être rachetés à prix d'argent; 3° un homme libre ne pouvait être mis en prison pour dettes; mais ses biens étaient mis au pillage,

3.

et il était défendu de lui donner asile; 4° un maître était responsable des dégâts occasionés par ses esclaves ou par ses bestiaux; 5° en cas de meurtre, tous les parens du coupable répondaient de son crime, afin que tous les membres d'une famille fussent intéressés à ce que chacun d'eux menât une conduite régulière.

150. *Quels étaient les magistrats chargés de rendre la justice?* Sous les rois des deux pemières races et même sous les Capétiens, chacun était jugé selon les lois de son état et par les hommes de sa profession; c'est ce que l'on appelait être jugé par ses pairs ou égaux. Les orphelins et les veuves étaient sous la protection des évêques; les juges laïques répondaient de leur jugement, et ils étaient punis en cas de prévarication.

151. *Que faisaient les juges quand ils manquaient de preuves suffisantes?* Ils avaient recours à plusieurs épreuves, et entre autres au duel judiciaire, que la superstition faisait appeler *jugement de Dieu.* L'accusateur et l'accusé combattaient ensemble, et celui qui était vaincu était déclaré coupable, parce que, disait-on, Dieu ne pouvait condamner un innocent.

152. *Quel était l'état des lettres sous les rois de la première race?* Sous Clovis II, l'ignorance était telle, qu'un concile de Narbonne défendit d'admettre dans les ordres quelqu'un qui ne saurait pas lire. Les moines étaient les seuls qui s'occupassent un peu des lettres en copiant les ouvrages des anciens.

153. Quelle langue les Français parlaient-ils sous les rois de la première race? Dans le principe, les Francs parlaient la langue germanique ; lorsqu'ils s'établirent dans les Gaules, le latin, mêlé de franc, devint la langue vulgaire.

154. De quelles inventions ou découvertes est-on redevable aux premiers siècles de la monarchie? Ces premiers siècles n'offrent que peu ou point d'inventions ; on peut dire seulement, 1° que c'est vers ce temps que l'on commença à faire usage des vitres pour les églises ; 2° que l'on fait remonter au VI° siècle la fonte des cloches, et que dès-lors les églises furent surmontées de tourelles et de clochers ; 3° que les orgues parurent en France pour la première fois, en 757, sous Pepin, et qu'à cette même époque on compta pour la première fois les dates d'après les années de l'ère chrétienne ; on les comptait auparavant par les années du prince régnant.

155. Quels sont les monumens remarquables et les personnages célèbres qui appartiennent au temps des rois de la première race? Les principaux monumens sont : l'église Saint-Etienne-du-Mont, bâtie par Clovis ; l'église Saint-Germain-des-Prés, bâtie par Childebert, et l'église avec l'abbaye de Saint-Denis, bâtie par Dagobert Ier.

Parmi les personnes les plus célèbres on peut citer, d'après l'ordre chronologique de leur mort :

En 472 Sidoine Apollinaire, théologien et poète, évêque de Clermont.

Boniface, archevêque de Mayence. C'est le premier sacre dont il soit fait mention dans l'histoire de France.

159. *Que fit Pepin en faveur du saint-siège, après avoir pris Narbonne sur les Sarrasins, l'an 753, et Vannes sur les Bretons, l'an 755?* Il passa deux fois en Lombardie, où il contraignit Astolphe, roi des Lombards, à restituer aux papes tout ce qu'il leur avait pris, et donna ensuite au saint-siège la marche d'Ancône, en dépit des réclamations de Constantin IV, empereur d'Orient. Cette concession plaça Etienne III au rang des souverains, et établit la puissance temporelle des papes.

160. *Comment Pepin s'empara-t-il de l'Aquitaine, l'an 768?* Quoique occupé contre les Saxons, il vainquit plusieurs fois Gaïfre ou Vaïfre, duc d'Aquitaine, qui s'était révolté contre lui; et, après que ce prince eut été tué par ses propres parens, Pepin s'empara de ses états.

161. *Entre qui Pepin partagea-t-il son royaume, peu de temps avant sa mort?* Entre ses deux fils Charles et Carloman; mais ce dernier mourut l'an 771, et laissa Charles, nommé ensuite Charlemagne, seul maître de la monarchie française.

162. *Quand mourut Pepin-le-Bref, et combien de temps régna-t-il?* Il mourut l'an 768, à l'âge de 53 ans, après avoir régné glorieusement pendant 16 années. Il se montra toujours digne du trône où son génie et ses talens l'avaient placé.

SYNCHRONISME. *L'an 755, Abdérame, seul rejeton des Ommiades, fonde le califat de Cordoue en Espagne. L'an 762 la ville de Bagdad, bâtie par Al-Mansor, devient le siège du califat de ce nom.*

23.

CHARLEMAGNE EMPEREUR.

Règne de 768 à 814.

Charlemagne son fils, prend Didier, dans Pavie,
Subjugue les Saxons, l'Italie et l'Espagne,
Fonde un nouvel empire et règne en Allemagne.
Politique profond, sage législateur,
Eu l'an huit cent quatorze il mourut empereur.

163. *Avec quel succès Charlemagne fit-il la guerre en Italie, l'an 774?* Appelé par le pape Adrien, dont les états avaient été envahis par Didier, roi des Lombards, il prit ce roi dans Pavie, sa capitale ; et, après l'avoir fait transporter en France, il se fit couronner souverain de Lombardie à Monza, près de Milan.

164. *Quel sujet particulier de mécontentement Charlemagne avait-il eu de Didier?* Il lui reprochait d'avoir donné retraite à la veuve et aux enfans de Carloman son frère, qu'il regardait tous comme ses ennemis, et qu'il laissa mourir en prison.

165. *Quelle fut la plus longue guerre que fit Charlemagne?* Ce fut celle contre les Saxons, qu'il défit plusieurs fois pendant l'espace de plus de 30 ans, et dont il renversa la fameuse idole appelée Irminsule.

166. *A quelle sévère extrémité Charlemagne en vint-il contre les Saxons, qui s'étaient révoltés autant de fois qu'ils avaient été vaincus?* Il fit couper la tête à 4000 des plus coupables, afin d'effrayer les autres, et de les rendre plus dociles à ses volontés.

167. *A quelle condition Charlemagne pardonna-t-il à Witiking, chef des Saxons, après la défaite des siens?* Il lui pardonna à condition qu'il ramènerait par son exemple les Saxons égarés, et qu'il recevrait le baptême avec eux.

168. *Que firent les Saxons devenus chrétiens?* Ils se révoltèrent de nouveau contre Charlemagne, qui fut obligé de les disperser et d'en faire passer en France environ 10,000 avec leurs familles.

169. *Quels succès eut Charlemagne dans son expédition en Espagne?* Appelé pour apaiser les divisions intestines des Sarrasins révoltés contre Abdérame, il marcha sur Sarragosse, prit cette ville et la rendit au prince qui l'avait appelé; puis, repassant à Pampelune, il en fit abattre les murs.

170. *Comment se conduisirent les peuples de la Gascogne et de la Navarre lorsque Charlemagne revenait d'Espagne?* Ils l'attaquèrent dans les défilés des Pyrénées, et battirent son arrière-garde à Roncevaux, où périt le fameux Roland, son neveu.

171. *Jusqu'où Charlemagne étendit-il ses conquêtes?* Il se rendit maître de l'Espagne, jusqu'à l'Ebre ; de l'Italie jusqu'à la Calabre, et de la Germanie jusqu'aux rivières du Raab et de la Vistule.

172. *Quels honneurs reçut Charlemagne, l'an 800, lorsqu'il se rendit à Rome pour punir un attentat commis contre le pape Léon III ?* Ce pontife mit la couronne impériale sur la tête de Charles, et le salua empereur d'Occident, pendant que, de son côté, Nicephore, empereur d'Orient, faisait un traité de paix avec lui.

173. *Quels avantages eut Charlemagne en Italie, l'an 806 ?* Il vainquit les habitans de la Corse et dompta les Vénitiens, par le courage et la valeur de Pepin son fils, chargé de cette expédition.

174. *Quelles vertus ont rendu Charlemagne la gloire de la monarchie et l'admiration de l'univers ?* Sa valeur, sa bonté, sa grandeur d'âme, son amour pour les sciences, sa charité pour les pauvres, son zèle pour l'Eglise et pour ses ministres, lorsqu'ils se conformaient à leur caractère.

175. *Quels services Charlemagne rendit-il à la France comme législateur, comme politique et comme ami des sciences et des lettres ?* Comme législateur, il rédigea un recueil de *capitulaires* ou ordonnances classées par chapitres, qui donnaient à chaque profession la règle de sa conduite.

Comme politique, il convoqua deux fois par an, au printemps et en automne, les assemblées qui, avant lui, ne se réunissaient qu'au mois de mai ; il y admit l'ordre du peuple appelé *tiers-état,* représenté par des députés nommés par chaque canton, et rendit ainsi son autorité plus populaire.

Comme ami des sciences et des lettres, il s'occupa, aidé du savant moine anglais Alcuin, de l'établissement d'écoles publiques où l'on enseignait la grammaire, le calcul et le chant d'église, et il visita souvent lui-même ces écoles.

Aujourd'hui les colléges royaux célèbrent encore la mémoire du fondateur des écoles, le jour de *la Saint-Charlemagne.*

176. *Comment Charlemagne scellait-il ses ordres?* Avec le pommeau de son épée, en disant : « Voilà mes ordres, et voici le fer qui les fera respecter. »

177. *Quelles dispositions fit Charlemagne, se sentant près de sa fin, l'an 813?* Il s'associa à l'empire Louis, le seul fils qui lui restait, lui donna la couronne impériale et tous ses états, à l'exception de l'Italie, qu'il garda pour Bernard, bâtard de son fils Pepin.

178. *Combien de temps régna Charlemagne, et en quelle année mourut-il?* Après avoir régné 32 ans comme roi et 14 comme empereur, Charlemagne mourut l'an 814, dans la 71e année de son âge, à Aix-la-Chapelle, où il avait fixé sa résidence.

179. *Que comprenait l'empire d'Occident, fondé par Charlemagne?* Il comprenait toute la Gaule

et une partie de l'Allemagne, de l'Italie et de l'Espagne.

SYNCHRONISMES. Les califes Haroun-al-Raschid, en 786, et Al-Mamum, en 813, protègent les sciences, les arts et les lettres.

IXᵉ SIÈCLE DE L'ÈRE CHRÉTIENNE,
DEPUIS L'AN 800 JUSQU'A L'AN 900.

24.

LOUIS Iᵉʳ LE DÉBONNAIRE, EMPEREUR.

Règne de 814 à 840.

Son fils, Louis premier, nommé le Débonnaire,
Faible envers ses enfans, fut cloîtré par Lothaire.

180. *Comment Louis Iᵉʳ, fils et successeur de Charlemagne, signala-t-il le commencement de son règne?* En accordant la permission de retourner dans leur patrie à tous les Saxons qui avaient été transportés en France par ordre de Charlemagne.

181. *Comment Louis Iᵉʳ partagea-t-il ses états entre les enfans qu'il avait eus de sa première femme Hermangarde, morte en 818?* Dès la troisième année de son règne, il s'associa à l'empire son fils aîné *Lothaire*, et nomma *Pepin* et *Louis*, ses deux autres fils, l'un roi d'Aquitaine, et l'autre roi de Bavière.

182. *Avec quelle sévérité Louis Iᵉʳ se conduisit-il envers son neveu Bernard, roi d'Italie, qui s'était*

révolté contre lui, l'an 817? Après l'avoir vaincu, il lui fit crever les yeux, et ordonna qu'on en fît autant aux complices de cette révolte, parmi lesquels se trouvaient aussi des évêques.

183. *Quelle fut, l'an* 830, *la principale cause de la révolte de Pepin et de Lothaire, fils de Louis I*er *?* Ce furent les prétentions de Judith, leur belle-mère, qui voulait ériger à leurs dépens un quatrième royaume en faveur de son propre fils Charles II.

184. *Quelles violences exercèrent Pepin et Lothaire contre Louis I*er, *leur père, et contre Judith?* Ils obligèrent Judith de prendre le voile dans un couvent à Poitiers, et ôtèrent la liberté à leur père; mais Louis, son troisième fils, aidé par les Allemands, vint le délivrer et le replacer sur le trône.

185. *Qu'arriva-t-il à Louis-le-Débonnaire, l'an* 833, *après qu'il eut ôté l'Aquitaine à Pépin, pour la donner à Charles, son quatrième fils, né de Judith?* Son fils aîné Lothaire l'enferma dans Saint-Médard de Soissons, mit dans l'abbaye de Prum son fils Charles (le même qui, dans la suite, devint empereur sous le nom de Charles-le-Chauve), et ayant fait raser Judith, il la relégua à Tortone, en Lombardie.

186. *Jusqu'où Lothaire poussa-t-il l'inhumanité contre son père, l'an* 833? Jusqu'à le contraindre, dans l'assemblée de Compiègne, de quitter les or-

nemens impériaux, et de s'avouer coupable de tous les maux qui affligeaient l'état.

187. Par qui Louis Ier, transféré par Lothaire de Saint-Médard de Soissons à l'abbaye de Saint-Denis, fut-il délivré? Par ses deux fils Pepin et Louis, qui, jaloux du pouvoir sans bornes que venait d'usurper leur frère Lothaire, rétablirent Louis Ier sur le trône, et lui rendirent sa femme Judith et Charles son fils.

188. Quelle dernière épreuve essuya l'empereur Louis Ier après la mort de son second fils Pepin? Son troisème fils, Louis de Bavière, dit le Germanique, irrité de ce qu'on eût promis à son frère Lothaire la moitié de l'empire, voulut se rendre indépendant de son père, qui, obligé de marcher contre lui pour le punir de sa désobéissance, en mourut de douleur dans une des îles du Rh n, l'an 840.

189. De quelle manière l'empereur Louis Ier exprima-t-il son chagrin avant sa mort?» Je pardonne, dit-il, à mon fils Louis; mais qu'il sache que c'est lui qui m'arrache la vie. »

190. Quelle donation Louis Ier avait-il faite aux papes dès les premières années de son règne? Il leur avait donné la ville de Rome et ses appartenances; mais il en avait retenu toujours la souveraineté, comme le prouvent les actes d'autorité suprême que lui et ses successeurs y exercèrent.

191. Comment Louis Ier improuvait-il le luxe ex-

cessif de l'armée? « Quelle extravagance! disait-il : ne leur suffit-il pas d'exposer leur vie , sans enrichir encore l'ennemi de leurs dépouilles, et le mettre en état de continuer la guerre à leurs depens. »

SYNCHRONISMES. L'an 828, Egbert-le-Grand met fin à l'heptarchie saxonne et devient roi de toute l'Angleterre.

25.

CHARLES-LE-CHAUVE, EMPEREUR.

Règne de 840 à 877.

Vainqueur à Fontenay, des Normands maltraité ,
Charles-Chauve établit la féodalité.

192. *Par quoi le commencement du règne de Charles-le-Chauve fut-il célèbre, l'an 841?* Par le combat sanglant de Fontenay, près d'Auxerre en Bourgogne, où, dit-on, plus de 100,000 Français restèrent sur le champ de bataille.

193. *Quel avait été le sujet de la bataille de Fontenay?* Lothaire, fils aîné de Louis - le - Débonnaire, prétendait être son unique héritier ; Charles son frère lui contestait ce droit ; et ligué avec son autre frère Louis, il voulut, dans cette journée, décider la querelle par la voix des armes.

194. *Quel fut le résultat de la bataille de Fontenay?* Charles ne profita pas de la victoire qu'il y remporta sur Lothaire ; car ne conservant pour

lui que l'Aquitaine avec la Neustrie, il céda librement à Louis la Germanie, et à Lothaire l'Italie avec le titre d'empereur.

195. *Quelle nouvelle guerre vint occuper Charles-le-Chauve, après qu'il eut partagé l'empire avec ses frères?* Ce fut la guerre contre les Normands, peuple naturellement belliqueux, sorti de la Scandinavie, et que Charles encourageait en quelque sorte à lui faire la guerre, parce qu'il leur opposait plus souvent l'or que le fer.

196. *Comment Charles, quoique plus jeune que Louis de Bavière ou le Germanique, devint-il empereur, l'an 875?* C'est qu'à la mort de Lothaire leur aîné, il alla sur-le-champ à Rome avec une armée considérable, et s'y fit couronner par le pape Jean VIII, au préjudice de son frère Louis.

197. *Que fit Charles après la mort de son frère Louis-le-Germanique?* Il reprit sur les enfans de ce prince tout ce qu'il avait cédé dans la Lorraine; mais ayant été battu par Louis, second fils de Louis-le-Germanique, il repassa en Italie.

198. *Comment Charles-le-Chauve, déjà méprisé à cause du honteux traité qu'il fit avec les Normands, affaiblit-il encore son autorité?* Les grands du royaume avaient déjà reçu, comme récompenses militaires, des terres sous le titre de *fiefs;* ils n'en avaient que la jouissance, Charles-le-Chauve leur en donna la propriété : par là, il fit de ses vassaux autant de petits souverains qui se rendirent indé-

pendans. Il institua ainsi le gouvernement féodal, et consacra l'hérédité de la noblesse, inconnue en France jusqu'à cette époque.

199. *Comment finit Charles-le-Chauve?* Il fut empoisonné par un juif nommé Sédécias, son médecin et son favori, et il mourut à Brios, village en-deçà du mont Cenis, l'an 877, après avoir régné 35 ans comme roi de France, et à-peu-près 2 comme empereur.

SYNCHRON SMIES. *L'an 858, fondation du royaume de Navarre par don Garcie; 862, Ruric-le-Normand fonde la monarchie des Russes; 871, Alfred-le-Grand, roi d'Angleterre, divise le pays en comtés, institue le jury, établit des écoles et fonde des collèges à Oxford.*

———

26.

LOUIS II LE BÈGUE, EMPEREUR.

Règne de 877 à 899.

Roi chez les Aquitains, puis empereur en France,
Louis-Bègue des grands affermit la puissance.

200. *De qui était fils Louis II, dit le Bègue, à cause de sa difficulté à s'exprimer?* Il était fils de Charles-le-Chauve, qui, dès l'année 867, l'avait fait couronner roi d'Aquitaine, mais qui ne l'eut pour successeur au trône de France que l'an 877.

201. *Quel sacrifice Louis II fut-il contraint de faire dès le commencement de son règne?* Celui de démembrer une grande partie de son domaine en faveur de Boson, et en faveur de plusieurs autres seigneurs mécontens.

202. *Quel accroissement le système de féodalité prit-il sous Louis-le-Bègue?* Toutes les prérogatives, les fonctions militaires, civiles ou ecclésiastiques, les plus bas emplois même devinrent des fiefs ; les gouvernemens, les duchés, les comtés et les marquisats, qui d'abord n'étaient que de simples commissions, devinrent héréditaires et préparèrent à la France cette multitude de petits souverains, qui pendant plusieurs siècles en furent les tyrans, et luttèrent souvent avec avantage contre les rois.

203. *Combien de temps régna Louis II, qui comme son père eut, dit-on, le titre d'empereur?* Il régna à peine 2 ans avec très peu de gloire, et il mourut à Compiègne, l'an 879, âgé de 35 ans. C'est de son règne que date en France la décadence de la race des Carlovingiens.

204. *Combien d'enfans Louis II laissa-t-il en mourant?* Il en laissa deux de sa première femme Ansgarde, Louis et Carloman, qui partagèrent entre eux le royaume ; mais comme leur belle-mère Adélaïde était restée enceinte à la mort de Louis II, elle leur donna un troisième frère nommé Charles-le-Simple.

27.

LOUIS III ET CARLOMAN.

Règnent de 879 à 884.

Louis trois, Carloman, des Normands se font craindre.

205. *Quelles provinces les deux frères, Louis III*

et Carloman, gouvernèrent-ils en régnant ensemble, l'an 879? Louis gouverna la France et la Neustrie; Carloman, la Bourgogne et l'Aquitaine, et ils régnèrent conjointement avec une harmonie qui fait l'éloge de l'un et de l'autre.

206. *Comment Boson, comte d'Arles et beau-frère de Charles-le-Chauve, obtint-il en 879, le titre de roi de Provence ou de Bourgogne?* Engelberge, femme de Louis II le Bègue, ayant été calomniée dans son honneur, Boson soutint et prouva par le duel l'innocence de l'impératrice, et pour prix de son dévoûment, il reçut en mariage Ermengarde, fille unique d'Engelberge et reine de Provence, avec le titre de roi d'Arles et de Provence.

207. *Louis III et Carloman ne portèrent-ils pas les armes contre Boson?* Oui; ils vinrent l'assiéger dans Vienne, en Dauphiné; mais Boson, vaincu, conclut à Metz avec Charles-le-Gros un traité par lequel ses états lui furent restitués à condition qu'il rendrait foi et hommage à ce prince. Boson depuis ce temps régna paisiblement jusqu'à sa mort, en 888.

208. *Que comprenait le royaume d'Arles ou de Provence, dit Bourgogne cis-jurane?* Il comprenait la Provence, le Dauphiné, le Lyonnais, la Franche-Comté et une partie du duché de Bourgogne.

209. *Comment Louis III se fit-il craindre, surtout aux Normands, qui ravageaient le royaume?* Il quitta le siège de Vienne, et il vint les attaquer

dans la plaine de Raucourt, près d'Amiens, où il leur tua, dit-on, 9 ou 10,000 hommes.

210. *Comment Carloman, resté seul roi, se débarrassa-t-il des Normands?* Louis III étant mort en 882, des suites d'une chute de cheval, Carloman, hors d'état de leur résister, leur donna de l'argent pour les engager à se retirer.

211. *Par quel accident Carloman, âgé de 18 ans, fut-il tué à la chasse, l'an 884?* Par un trait que des personnes de sa suite voulurent lancer contre un sanglier, lorsque le roi était aux prises avec cet animal.

212. *Comment ces deux princes furent-ils distingués après leur mort?* Tout avait été commun entre eux pendant leur vie, on voulut qu'il en fût de même après leur mort ; leurs cendres furent réunies, et on les enferma dans la même tombe à Saint-Denis. Ils ne portèrent pas le titre d'empereur qui appartenait à Charles-le-Gros.

28.

CHARLES-LE-GROS, EMPEREUR.

Règne de 884 à 888.

De tous abandonné, Charles-Gros est à plaindre.

213. *Comment Charles-le-Gros, roi de Souabe et d'Italie, et empereur français en Occident, eut-il le gouvernement de la France après la mort de Carloman?* Les Français le choisirent pour qu'il

les gouvernât pendant la minorité de Charles-le-Simple, dont il était le plus proche parent.

214. *Comment Charles-le-Gros se conduisit-il envers les Normands, qui vinrent faire de nouvelles incursions en France et assiéger Paris, l'an 885?* Il aima mieux acheter d'eux la paix avec de l'argent, que d'aller les combattre à la tête d'une armée d'Allemands et de Français, comme il aurait pu le faire. Cette lâcheté le fit mépriser de son peuple et abandonner de son armée.

215. *Quelle fut la suite de ce traité avec les Normands?* Charles-le-Gros fut déposé de la dignité impériale, qui dès-lors cessa d'appartenir aux rois de France. Arnould, bâtard de Carloman, fut élu à sa place par les Allemands, et depuis ce moment, l'empire d'Allemagne devint électif.

216. *Que devint Charles-le-Gros à son retour en Allemagne?* Son esprit s'étant entièrement affaibli, et les officiers de sa suite s'étant retirés, il fut réduit à la dure nécessité d'aller chercher des moyens de subsistance auprès d'Arnould son neveu, nommé son successeur à l'empire, et il mourut de chagrin en 888, dans un village de la Souabe.

29.

EUDES.

Règne de 888 à 898.

Fils de Robert-le-Fort, Eude obtient la couronne.

217. *Dans quel état la France se trouva-t-elle après la mort de Charles-le-Gros?* Du vaste empire de Charlemagne, Charles-le-Gros avait perdu les deux Bourgognes, l'Italie et l'Allemagne, et n'avait laissé que le royaume de France à ses successeurs ; comme il était le dernier des descendans légitimes de Charlemagne, une foule de prétendans aspirèrent à la couronne, et la division se mit entre les seigneurs au sujet de l'élection d'un nouveau roi.

218. *Comment Eudes, fils de Robert-le-Fort, comte de Paris, fut-il élu roi de France?* Ce fut par l'avis de l'empereur Arnould, qui, en refusant pour lui-même la couronne de France qu'on lui offrait, ne trouvait personne plus digne de la porter que Eudes, qui, en 885, avait si courageusement défendu Paris contre les Normands.

219. *Comment Eudes, l'un des plus vaillans princes de son siècle, se distingua-t-il la première année de son règne?* Les Normands continuaient de ravager la France ; Eudes marcha contre eux, les joignit à Montfaucon, et avec 4000 cavaliers seulement, il leur tailla en pièces une armée de 0,000 hommes.

220. *Quelle guerre Eudes eut-il à soutenir après*

qu'il eut repoussé les Normands? Charles-le-Simple ayant atteint sa quinzième année, réclama la couronne qui lui appartenait de droit ; Eudes persista à rester sur le trône, et les deux princes en vinrent aux mains. Eudes fut victorieux et consentit néanmoins à céder au vaincu la moitié de ses états.

221. *Quand Eudes mourut-il, comment et combien de temps régna-t-il?* Eudes mourut l'an 898, 2 ans après qu'il eut partagé sa couronne avec Charles-le-Simple ; il régna 11 ans avec gloire, et ne laissa qu'un fils, qui vécut peu, mais il avait un frère nommé Robert, qui s'était distingué avec lui au siège de Paris, et qui disputa la couronne à Charles-le-Simple.

30.

CHARLES-LE-SIMPLES.

Règne de 898 à 922.

Charles Simple vaincu, fuit et meurt à Péronne.

222. *En quelle année Charles-le-Simple, monta-t-il sur le trône?* Devenu, après la mort de Eudes, seul possesseur d'une couronne dont il avait été privé deux fois pendant sa minorité, il fut placé sur le trône en 898, par Foulques, archevêque de Reims, par qui il avait été sacré 5 ans auparavant.

223. *Quel traité Charles-le-Simple fut-il obligé de faire avec les Normands, l'an 912?* Il leur accorda en fief la Neustrie, appelée depuis *Normandie,*

avec le titre de duché, et donna en mariage sa fille Giselle à Rollon, leur prince, sous la condition néanmoins que lui et les siens recevraient le baptême.

224. *Quelle prétention eut Rollon après avoir obtenu la Normandie?* Il demanda la Bretagne, que Charles lui disputa pendant quelque temps, mais qu'il finit par lui accorder.

225. *Comment Charles-le-Simple s'était-il aliéné le cœur de la noblesse?* Par des concessions trop grandes aux Normands, par la perte de la Lorraine, dont Henri l'Oiseleur s'était emparé impunément, et par la fierté insolente de son ministre Haganon, homme d'une origine obscure, qui dominait entièrement le roi et l'état.

226. *Quelle suite eut, en 922, la haine que les Français avaient conçue contre Charles-le-Simple?* Plusieurs seigneurs nommèrent roi Robert, frère de Eudes et comte de Paris, qui se fit couronner à Reims par ceux de son parti; mais Charles-le-Simple, voulant soutenir ses droits, l'attaqua près de Soissons l'année suivante, et le tua de sa propre main.

227. *Pourquoi Charles fut-il enfermé dans la tour de Péronne, l'an 923?* Maîtrisé par la noblesse et battu par Hugues-le-Grand, fils de Robert, il se réfugia chez Herbert, comte de Vermandois, qui l'enferma dans le château de Péronne, où il mourut l'an 929, après une captivité de 6 ans.

4

Xe SIÈCLE DE L'ÈRE CHRÉTIENNE,

DEPUIS L'AN 900 JUSQU'A L'AN 1000.

51.

RAOUL.

Règne de 923 à 936.

Prince en neuf cent vingt-trois, Raoul règne treize ans.

228. *Comment Raoul, duc de Bourgogne, parvint-il au trône l'an 923?* Pendant que Charles-le-Simple était enfermé à Péronne, plusieurs princes se disputèrent la couronne; Raoul l'emporta sur ses compétiteurs, et fut élu par les seigneurs, devenus assez puissans pour mettre sur le trône un souverain de leur choix.

229. *Qu'arriva-t-il l'an 936, après la mort de Raoul, qui, pendant un règne de 13 ans, ne fut occupé qu'à apaiser des révoltes continuelles?* Il y eut un interrègne de 5 ans jusqu'au retour de Louis d'Outremer, fils de Charles-le-Simple, que les principaux seigneurs avaient appelé d'Angleterre, où il avait été, avec sa mère Ogine, chercher un asile pendant les derniers troubles.

230. *Par qui la France fut-elle gouvernée pendant cet interrègne?* Par Hugues-le-Grand, comte de Paris, qui, pouvant lui-même s'emparer de la couronne, aima mieux rappeler Louis IV, fils de Charles-le-Simple, sous lequel il continua de gouverner comme ministre.

32.

LOUIS IV D'OUTREMER.
Règne de 936 à 954.

Louis d'Outremer tombe au pouvoir des Normands.

231. *Quel succès eut Louis d'Outremer, ainsi nommé à cause de son séjour en Angleterre?* Il fut malheureux, non-seulement dans sa guerre contre l'empereur Othon 1er, son beau-frère, à qui il voulut inutilement prendre la Lorraine, mais encore dans son expédition contre les Normands, qui le firent prisonnier.

232. *A quelle condition les Normands accordèrent-ils la liberté à Louis d'Outremer, l'an 945, après l'avoir retenu un an prisonnier?* A condition que ce roi rendrait aux Normands leur jeune prince Richard 1er, fils du duc Guillaume Longue-Epée, et qu'il céderait à Hugues-le-Grand, comte de Paris, le comté de Laon, auquel se réduisait le domaine de la couronne.

233. *Comment finit Louis d'Outremer?* Après un règne de 18 ans, il fut renversé de cheval en poursuivant un loup, et mourut des suites de cette chute, à Reims, âgé de 38 ans.

234. *Quels enfans Louis d'Outremer laissa-t-il en mourant, l'an 954?* Il laissa deux fils, Lothaire, qu'il s'était associé en 952, et Charles, qui reçut d'abord un apanage, et fut ensuite nommé duc de la basse Lorraine. C'est depuis ce moment que la monarchie cessa d'être partagée entre les frères.

L'aîné seul succéda à son père, et les autres enfans n'eurent que des apanages.

33.

LOTHAIRE.

Règne de 954 à 986.

Lothaire contre Othon défendit mal les siens.

235. Avec quel succès Lothaire, fils de Louis d'Outremer, fit-il la guerre à l'empereur Othon II? Il le surprit à Aix-la-Chapelle, et lui enleva la Lorraine; mais ensuite, n'ayant pas su profiter de ces avantages, il fut obligé de lui restituer sa conquête, l'an 980.

236. Quand Hugues-le-Grand mourut-il? Il mourut en 956, et laissa son autorité à son fils Hugues Capet, après avoir gouverné pendant deux ans sous Lothaire, dont il fut particulièrement aimé.

237. Comment finit Lothaire, l'an 986? Il mourut à Compiègne, âgé de 45 ans, après en avoir régné 32, empoisonné, à ce qu'on croit, par Emma, sa femme, et laissa, pour lui succéder, un fils appelé Louis V, qu'il s'était associé en 978.

SYNCHRONISMES. *L'an 962, Othon I, dit le Grand, couronné empereur, rend l'Allemagne florissante; 968, fondation de la ville du Caire, qui devient le siège des califes fatimites.*

34.

LOUIS V LE FAINÉANT.

Règne de 986 à 987.

Louis cinq est dernier des Carlovingiens.

238. *Combien de temps régna Louis V, dit le Fainéant, et fils de Lothaire?* Il ne régna qu'un an, et mourut en 987, sans postérité, âgé d'environ 20 ans, par le poison que lui avait donné la reine Blanche, sa femme.

239. *Pourquoi Louis V fut-il le dernier roi de la race des Carlovingiens, qui a régné en France pendant 236 ans?* Après la mort de Louis V, la couronne devait passer de droit à son oncle Charles Ier, duc de la basse Lorraine, fils de Louis d'Outremer; mais, comme ce prince s'était rendu odieux aux Français par la guerre qu'il leur avait faite pendant 10 ans, on nomma roi Hugues Capet, comte de Paris.

240. *A quoi peut-on attribuer la décadence de la race des Carlovingiens?* A quatre causes principales, savoir : 1° la division de l'empire en plusieurs royaumes; 2° la faiblesse de Louis-le-Débonnaire et de ses successeurs ; 3° les ravages des Normands; 4° enfin, la révolte des seigneurs, et leur élévation sur les débris de la puissance royale.

MŒURS ET COUTUMES DES FRANÇAIS

SOUS LES ROIS DE LA SECONDE RACE.

241. *Quelles innovations les Carlovingiens intro-*

duisirent-ils dans l'armée? Ils introduisirent l'usage du casque, de la cuirasse, de l'arc et des flèches, inusités sous les Mérovingiens, et l'emploi de la cavalerie devint plus général. Les troupes étaient entretenues aux frais des seigneurs sous la bannière desquels elles combattaient.

242. *Qu'étaient-ce que les cours plénières sous les rois de la seconde race?* C'étaient des assemblées solennelles, où, sur l'invitation du roi, tous les seigneurs étaient obligés de se trouver à Noël et à Pâques. Ces assemblées, plus fastueuses qu'utiles, duraient une semaine.

243. *Quels étaient les magistrats chargés de rendre la justice?* Charlemagne avait établi des juges royaux chargés de faire exécuter les lois; sous ses descendans, l'autorité de ces magistrats s'affaiblit insensiblement, et les seigneurs, s'arrogeant le droit de haute et de basse justice, décidèrent seuls du sort et de la vie des hommes qui étaient soumis à leur juridiction.

244. *De quelle manière rendaient-ils la justice?* Quand il n'existait pas de preuves suffisantes pour absoudre ou pour condamner les prévenus, les juges avaient recours au duel judiciaire, comme sous les rois de la première race, et à plusieurs autres épreuves que l'on appelait aussi *jugemens de Dieu.*

245. *Quelles étaient, outre le duel, les principales épreuves judiciaires auxquelles on avait recours?* C'étaient l'épreuve de la croix, celle du fer

ardent, celle de l'eau bouillante et celle de l'eau froide.

L'épreuve de la croix consistait à donner gain de cause à celui qui pouvait tenir le plus long-temps ses bras élevés en croix devant l'autel.

Celle du fer ardent consistait à faire marcher lentement, sur des socs rougis au feu, celui qui y était soumis, ou à lui mettre la main dans un gan-telet de fer rouge; s'il ne lui restait aucune trace de brûlure, il était absous.

Celui qui subissait l'épreuve de l'eau bouillante devait, pour être absous, plonger son bras dans une cuve d'eau bouillante, et l'en retirer sans brûlure.

Quant à ceux que l'on soumettait à l'épreuve de l'eau froide, ils étaient plongés, pieds et poings liés, dans une vaste cuve d'eau ; s'ils surnageaient, ils étaient absous, et, s'ils restaient au fond, ils étaient condamnés.

246. *Où et comment faisait-on subir ces épreuves?* Elles avaient lieu dans l'église, près de l'autel, et étaient accompagnées de cérémonies religieuses. L'usage de ces épreuves subsista jusqu'au XIIIe siècle.

247. *De quoi se composaient les revenus des rois carlovingiens?* Ils provenaient en grande partie d'un dixième du profit des marchands, des dons gratuits de la noblesse, des droits de passage, de pontage, d'entrée, de sortie, et aussi d'un dixième des matériaux extraits des mines de France.

248. *De quelles monnaies se servait-on dans ce*

temps, et quelle en était la valeur? Les gros paie-
mens se faisaient en lingots d'or et d'argent, que
l'on donnait au poids. La monnaie n'était usitée
que dans le commerce de détail ; elle consistait en
sous d'or, sous d'argent, deniers d'argent et oboles.
Les valeurs de ces monnaies ont varié souvent sous
les rois de la troisième race.

Sous Charlemagne :

La livre d'argent valait 73 fr. de notre monnaie ; le sou d'or, 15 fr. ;

Le sou d'argent, ou la vingtième partie de la
livre, valait 3 fr. 65 cent. ;

Le denier d'argent, ou la douzième partie du
sou, 30 cent. ;

L'obole, ou la moitié du denier, 15 cent.

249. *Quelles étaient, parmi les principales com-
modités de la vie, celles que l'on ignorait alors?* On
ne connaissait pas l'usage des cheminées. Le feu
était placé au milieu de la chambre ; un tuyau, qui
traversait le plafond, servait de passage à la fumée,
et chacun s'asseyait autour du foyer.

La bougie, la chandelle même étaient des ob-
jets de luxe usités chez les princes seulement ; on
s'éclairait ordinairement avec de l'huile ou du bois
résineux.

Le vin était si rare dans les pays où la vigne
n'était pas cultivée, qu'il ne se vendait que comme
cordial chez les pharmaciens.

On ne portait que des chemises de serge, et le
linge de table était inconnu.

250. *Quel était l'état des lettres sous les rois de la seconde race?* Les troubles intérieurs occasionnés par les seigneurs, et les invasions continuelles des Normands, firent déserter les écoles établies par Charlemagne; l'Europe retomba dans la barbarie, et l'ignorance devint telle, qu'au xe siècle les personnes les plus distinguées par leur naissance, leurs emplois ou leurs richesses, ne savaient plus ni lire ni écrire. La noblesse s'en faisait une espèce de gloire, et l'on trouve une foule d'actes de ces temps qui finissent par ces mots : *Ledit seigneur a déclaré ne savoir signer, attendu sa qualité de gentilhomme.* Ce siècle fut à juste titre nommé *le siècle de fer.*

251. *Par quelle langue fut remplacée la langue latine, qui était encore, sous la première race, la langue vulgaire?* Par la langue *romance*, jargon mêlé de franc et de mauvais latin, et qui donna naissance à la langue française.

252. *Quel usage commença à s'établir en Europe vers le temps de Louis V?* Celui d'ajouter au nom de baptême des individus quelque épithète tirée soit de leur caractère moral, soit de leur forme physique, soit du lieu de leur naissance. C'est ainsi que les dénominations de *le bref, le débonnaire, le chauve, le bègue, le gros, le simple, d'outremer, le fainéant,* etc., devinrent des noms de famille.

253. *Quels sont les personnages les plus célèbres de ce temps?* Ce sont :

En 778 Roland, neveu de Charlemagne.

En 785 Witikind, chef des Saxons.
    804 Alcuin, inspecteur des écoles de Charlemagne.
    840 Eginhard, historien, secrétaire de Charlemagne.
    862 Robert-le-Fort, duc de France, bisaïeul de Hugues Capet.
    822 Robert, fils de Robert-le-Fort.
    936 Rollon I, duc de Normandie.
    956 Hugues-le-Grand, fils de Robert.

ROIS DE LA TROISIÈME RACE,

DITE DES CAPÉTIENS.

35.

HUGUES CAPET.

Règne de 798 à 996.

Neuf cent quatre-vingt-sept voit Capet sur le trône,
Et sa postérité porte encore la couronne.

254. *Pourquoi Hugues, chef des rois de la troisième race, dite des Capétiens, eut-il le surnom de Capet?* Ce surnom lui fut donné, selon les uns à cause de la grosseur de sa tête; selon d'autres, à cause de sa prudence et de sa sagesse.

255. *De qui Hugues Capet était-il issu?* Il avait pour bisaïeul Robert-le-Fort, possesseur du duché

de France entre la Seine et la Loire, et vicomte de Paris ; pour aïeul Robert, l'usurpateur du trône de Charles-le-Simple ; et pour père, Hugues-le-Grand, comte de Paris.

256. *Que fit Hugues Capet, lorsque Charles de Lorraine voulut lui disputer le trône ?* Après avoir marché contre lui, et l'avoir fait prisonnier dans la ville de Laon, il l'enferma dans Orléans, où il le laissa mourir.

257. *Quels démêlés Hugues Capet eut-il avec Arnould, archevéque de Reims et frère naturel de Charles Ier de Lorraine ?* Irrité de ce qu'Arnould, après s'être réconcilié avec lui, continuait de favoriser le parti des mécontens, il le fit déposer dans un concile, et lui substitua Gerbert, moine d'Aurillac, précepteur de son fils Robert.

258. *Par quels moyens Hugues Capet s'affermit-il sur le trône ?* D'un côté, il usa de clémence envers ses ennemis, et de l'autre il laissa en propriété aux seigneurs les divers gouvernemens dont ils s'étaient emparés, et qui depuis lors devinrent héréditaires dans leurs familles, à titre de fiefs.

259. *Que comprenait le domaine de la couronne sous Hugues Capet ?* Il se composait uniquement de la *Picardie*, de *l'Ile de France* et de *l'Orléanais*, et se gouvernait plutôt comme un grand fief que comme une monarchie. Les autres provinces de la France étaient autant de fiefs particuliers gouvernés, comme le domaine de la couronne, par des

ducs ou des comtes qui les possédaient en toute propriété.

260. *Que disait Hugues Capet à ceux qui voulaient lui inspirer des desseins de vengeance contre ses ennemis?* Il leur répondait : Ce n'est pas au roi de France à venger les inimitiés de l'ancien comte de Paris et d'Anjou.

261. *Pourquoi Hugues Capet s'associa-t-il au trône son fils Robert?* Il voulut, par ce moyen, d'après l'exemple de plusieurs de ses prédécesseurs, assurer davantage la succession dans sa famille.

262. *Quand et où mourut Hugues Capet?* Il mourut en 996, âgé de 55 ans, à Paris, où les rois de France avaient cessé d'habiter depuis plus de deux siècles. Il avait régné 9 ans. Ses restes furent déposés à Saint-Denis.

36.

ROBERT.

Règne de 996 à 1031.

Robert, sage et pieux, des lettres amateur,
Des foudres de l'Eglise éprouva la rigueur,

263. *Quel fut le caractère de Robert, fils et successeur de Hugues Capet?* Il mérita le surnom de *sage* et de *pieux*, au point qu'après saint Louis il a été regardé comme le roi le plus vertueux que la France ait eu.

264. *Pourquoi le sage Robert fut-il excommunié?* Parce qu'il avait épousé, contre les lois de

ce temps, Berthe, fille de Conrad, roi de Bourgogne, sa parente et sa commère. Le pape Grégoire V lui ordonna de s'en séparer, et, sur son refus, il lança contre lui la peine d'excommunication, la première qui ait frappé la France, et mit son royaume en interdit.

265. *Quels furent les effets de l'excommunication et de l'interdit?* La frayeur s'empara de tous les esprits ; on s'éloigna du prince comme d'un pestiféré ; il ne resta auprès de lui que quelques domestiques qui ne le servaient qu'en tremblant. L'office divin cessa dans tout le royaume ; l'usage des sacremens était suspendu ; les morts ne pouvaient plus être enterrés en terre sainte ; le son des cloches ne se faisait plus entendre ; les statues, dans les églises, étaient descendues de leurs bases, et couvertes d'un voile noir ; tout enfin dans le royaume prit un aspect lugubre.

266. *Que fit Robert pour rendre la tranquillité à son royaume, qui ne fut troublé que par les arrêts de la cour de Rome?* Après avoir lutté pendant trois ans contre le pape, il se sépara de Berthe, et épousa Constance, fille de Guillaume, comte d'Arles et de Provence, princesse altière et acariâtre qui le contrariait en tout.

267. *Jusqu'à quel point Constance s'opposait-elle au bien que faisait le roi?* Au point que Robert était obligé, pour conserver la paix domestique, de répandre ses bienfaits en secret, et de dire aux pau-

vrés qu'il secourait : « Prenez garde que la reine ne s'en aperçoive. »

268. *En quoi Robert montra-t-il son goût pour les lettres?* Dans un temps où les princes savaient à peine lire, il composa en latin des hymnes qu'on chante encore de nos jours à l'église. Il chantait souvent lui-même au chœur, revêtu d'une chape, la couronne en tête et le sceptre à la main.

269. *Comment se conduisit Robert après qu'il eut découvert une conspiration contre lui et contre l'état?* Il fit arrêter et juger les principaux coupables, qui furent condamnés à mort; mais le lendemain, après qu'ils eurent été admis à la communion qui devait précéder le supplice, il leur fit grâce, en disant « qu'on ne pouvait faire mourir ceux que Jésus-Christ venait de recevoir à sa table. »

270. *Quelle fut la fin de Robert, l'an 1031?* Il mourut à Melun, universellement regretté, à l'âge de 60 ans, après en avoir régné 35, et laissa la couronne à son fils Henri Ier, qu'il avait fait sacrer de son vivant en 1027.

SYNCHRONISME. *L'an 1017, Canut-le-Grand, roi de Danemark se rend maître de l'Angleterre.*

XIe SIÈCLE DE L'ÈRE CHRÉTIENNE,

DEPUIS L'AN 1000 JUSQU'A L'AN 1100.

37.

HENRI I.

Règne de 1031 à 1060.

En l'an mil trente-et-un, provoqué par son frère,
Henri premier, vainqueur, régna malgré sa mère.

271. *Comment Henri Ier, fils et successeur de Robert, régna-t-il malgré sa mère?* Constance, sa mère, excita une révolte contre Henri, son fils aîné, dans la vue de faire passer la couronne à Robert, son second fils, qu'elle préférait; mais Henri, soutenu de Robert Ier le Magnifique, duc de Normandie, soumit les rebelles et monta sur le trône.

272. *Comment se conduisit Henri Ier envers Robert, son frère et son compétiteur?* Après l'avoir vaincu, il lui céda de bonne grâce le duché de Bourgogne. C'est ainsi que Robert devint la tige de la première maison ducale de Bourgogne, qui finit en la personne de Philippe de Rouvre, l'an 1361, après avoir gouverné ce duché pendant 329 ans.

273. *Que fit Henri Ier après la mort de Robert Ier le Magnifique, duc de Normandie, qui l'avait soutenu dans la guerre contre sa mère Constance?* Comme on disputait la possession du duché de Normandie à Guillaume, depuis nommé le Conquérant, et fils naturel de Robert Ier, Henri s'acquitta de ses obligations envers le père en aidant le fils à recouvrer cet héritage paternel.

274. *Que fit Henri Ier, devenu ensuite jaloux de la gloire de Guillaume-le-Conquérant?* Il encouragea d'abord un des parens de Guillaume à s'emparer de la Normandie, et ensuite il tenta de faire pour lui-même la conquête de cette province; mais tous ses efforts furent sans succès.

275. *Quelle princesse Henri Ier épousa-t-il en secondes noces?* Veuf de Matilde, fille de l'empereur Conrad II, et resté sans enfans, il épousa Anne de Russie, fille de Jaroslaw, duc de Russie. La crainte d'éprouver les mêmes chagrins que son père le détermina, dit-on, à épouser une princesse étrangère.

276. *A qui Henri Ier, mort des suites d'une médecine prise mal-à-propos, laissa-t-il la tutelle de son fils Philippe, l'an* 1060? A Baudouin V, comte de Flandre, son beau-frère, qui ne négligea rien pour inspirer à son pupille des sentimens de vertu et de sagesse.

Synchronisme. *L'an* 1037, *Togrulbeg. petit-fils de Seljouk, fonde l'empire des Turcs seljoucides.*

38.

PHILIPPE I.

Règne de 1060 à 1108.

Sous Philippe premier la Palestine est prise ;
Entre les chefs croisés Godefroy la divise.

277. *Quels sont les évènemens qui ont rendu le règne de Philippe Ier remarquable ?* Ce sont la conquête de l'Angleterre par Guillaume-le-Conquérant, vassal de Philippe Ier ; le commencement de ces fameuses expéditions connues sous le nom de croisades ; la Terre-Sainte enlevée aux infidèles, et l'établissement d'un royaume chrétien à Jérusalem.

278. *En quoi la conquête de l'Angleterre par Guillaume en 1066 se rattache-t-elle au règne de Philippe Ier ?* En ce que Guillaume eut l'adresse d'y faire participer une partie de la France, en mettant dans ses intérêts les comtes d'Anjou, de Poitiers, de Ponthieu, de Bourgogne, qui le secondèrent de toute leur milice, et Philippe Ier lui-même, ou plutôt Baudoin, son tuteur et régent de France, qui desirait que Guillaume lui rendît hommage de sa conquête.

279. *Comment la paix entre Philippe Ier et Guillaume-le-Conquérant fut-elle rompue ?* Par un bon mot de Philippe, qui, faisant allusion à l'embonpoint excessif de Guillaume, lui fit demander plaisamment quand il releverait de ses couches. Guillaume, piqué, lui répondit « que cela ne tarderait

pas, et qu'au jour de sa sortie il irait lui rendre visite avec 10,000 lances en guise de cierges. » En effet, dès qu'il put se tenir à cheval, il vint désoler le Vexin français et brûler Mantes.

280. *Quelles furent les suites de cette invasion de Guillaume ?* Guillaume se disposait à faire le siége de Paris, lorsque la mort le surprit près de Rouen en 1087. Mais il resta entre la France et l'Angleterre un germe de rivalité qui a été long-temps funeste aux deux nations.

281. *Pourquoi Philippe Ier fut-il excommunié par le pape Urbain II, en 1095 ?* Parce qu'il répudia Berthe, sa femme, dont il avait eu un fils nommé Louis, pour épouser Bertrade, femme de Foulque, comte d'Anjou, auquel il l'enleva sous de vains prétextes.

282. *Combien de temps régna Philippe Ier, et quand mourut-il ?* Après avoir occupé le trône 48 ans, il mourut l'an 1108, c'est-à-dire pendant la première croisade, à laquelle il ne prit aucune part. Son règne a été le plus long, si l'on en excepte ceux de Louis XIV et Louis XV.

283. *Quelle fut l'origine de la première de ces expéditions connues sous le nom de croisades ?* Les Mahométans, s'étant emparés de la Palestine et de Jérusalem sa capitale, faisaient endurer toutes sortes de vexations aux chrétiens qui visitaient ces saints lieux. Pierre l'Ermite, gentilhomme picard, en fut témoin. Il en fit une peinture si touchante au

pape Urbain II, qui était alors au concile de Clermont, en 1095, que le saint pontife lui ordonna d'aller dans toutes les cours engager les princes chrétiens à se liguer contre les Turcs.

284. *Quel succès eut Pierre l'Ermite dans sa mission?* Il échauffa toutes les têtes; princes, évêques, femmes, moines, vieillards, enfans, tous brûlaient du desir de délivrer le Saint-Sépulcre. *Dieu le veut* fut le cri de guerre, et *une croix rouge* cousue sur l'épaule gauche fut la marque distinctive de ceux qui s'enrôlèrent, et qui de là furent appelés *croisés*. Le rendez-vous général était dans les plaines de Constantinople.

285. *Quels étaient, parmi les Français, les principaux chefs des Croisés?* C'étaient *Hugues*, comte de Paris, frère de Philippe Ier; *Robert*, duc de Normandie; *Raymond*, comte de Toulouse; *Robert*, comte de Flandre; *Tancrède*; *Godefroy* de Bouillon, duc de la Basse-Lorraine; et *Pierre l'Ermite*.

286. *Quelles furent la conduite et l'issue de cette première croisade?* La plupart des croisés furent massacrés ou périrent de misère avant d'arriver au rendez-vous. Godefroy de Bouillon, ayant sous ses ordres des troupes plus disciplinées, conquit la Palestine et une partie de la Syrie, et fut proclamé roi de Jérusalem. Les autres chefs, au lieu de rester forts par leur union, se partagèrent le reste du pays conquis, et y établirent le système de féodalité.

287. *Quels sont les avantages qui résultèrent pour les rois et pour la France de cette croisade, la plus importante de toutes?* Cette croisade délivra la France d'une foule de fainéans et de vagabonds, débarrassa les rois d'une quantité de grands vassaux qui vendirent leurs domaines pour subvenir aux frais de la croisade; prépara les voies à l'affranchissement des communes, et contribua puissamment au progrès de la civilisation en introduisant en France les connaissances que les croisés puisèrent en Orient sur la législation, l'industrie et le commerce.

288. *A quels établissemens la première croisade donna-t-elle naissance?* La nécessité de soulager les malades et de protéger les pélerins et les croisés, fit établir à Jérusalem trois ordres religieux et militaires qui ne tardèrent pas à se répandre dans toute l'Europe, et qui, par leurs richesses et leur puissance, devinrent en état de rivaliser avec les rois. Ces trois ordres étaient : les Hospitaliers de Saint-Jean, depuis chevaliers de Malte; les chevaliers Teutoniques et les Templiers.

289. *Quelle est l'origine des armoiries attribuées au temps de la première croisade?* Dans une armée de 7 à 800,000 hommes, tirés de tant de nations différentes, il fallait un signe pour rappeler chaque vassal sous la bannière de son seigneur, qui lui-même était caché sous une armure de fer. On imagina donc certains signes distinctifs ou emblèmes, rappelant pour la plupart un fait d'armes.

Ces emblèmes étaient placés sur le casque ou sur le bouclier. Peu-à-peu ils se transmirent comme souvenirs honorables, et enfin ils restèrent héréditaires dans les familles, comme on le voit encore aujourd'hui.

290. *Que comprenait le domaine de la couronne sous Philippe Ier?* Il comprenait la Picardie, l'Ile-de-France, l'Orléanais et le Berry. Philippe avait racheté cette dernière province, en 1100, à l'un des seigneurs qui firent partie de la première croisade.

SYNCHRONISME. *L'an 1066, Guillaume, duc de Normandie, surnommé le conquérant, vainqueur à la bataille d'Hastings, devient roi d'Angleterre.*

XIIe SIÈCLE DE L'ÈRE CHRÉTIENNE,
DEPUIS L'AN 1100 JUSQU'A L'AN 1200.

59.

LOUIS VI DIT LE GROS.

Règne de 1108 à 1137.

Louis six dit le Gros sut abaisser les grands.
Il affranchit les serfs et régna vingt-neuf ans.

291. *A qui Louis-le-Gros, fils et successeur de Philippe Ier, en 1108, fit-il la guerre en montant sur le trône?* Louis VI, surnommé le Gros à cause

de son embonpoint, et le Batailleur, parce qu'à force de combats il avait fait cesser les brigandages qui s'exerçaient partout du vivant de Philippe Ier, fit la guerre à plusieurs seigneurs ses vassaux, parce qu'ils se conduisaient en tyrans dans leurs seigneuries, et qu'ils ne voulaient point le reconnaître pour souverain.

292. *Quels furent les principaux vassaux qui s'opposèrent à Louis-le-Gros?* Les seigneurs de Montmorency, les sires de Montléry, les châtelains de Rochefort, les comtes de Corbeil et de Beaumont, dont chacun aspirait en secret à la royauté.

293. *Par qui étaient particulièrement soutenus les grands vassaux révoltés contre Louis-le-Gros?* Par le roi d'Angleterre Henri Ier, qui, devenu nouvellement duc de Normandie par la conquête qu'il en avait faite sur Robert Courte-Cuisse, son frère aîné, avait de la répugnance à se reconnaître vassal de la France.

294. *Quels obstacles rencontra Louis-le-Gros en voulant rétablir dans le duché de Normandie Guillaume Cliton, fils de Robert Courte-Cuisse, l'an 1119?* Il fut battu dans les plaines de Brenneville, près de Noyon, et dans sa retraite il manqua même d'être fait prisonnier par un Anglais, qui saisit la bride de son cheval en criant : « Le roi est pris! » Mais Louis-le-Gros lui répondit avec le plus grand sang-froid : « On ne prend jamais le roi, pas même

au jeu d'échecs; » et, d'un coup de sa masse d'armes, il l'étendit mort à ses pieds.

295. *Quel succès eut Louis-le-Gros après avoir fait la paix, du moins en apparence, avec le roi d'Angleterre?* Il fit reculer devant lui l'empereur Henri V, que le roi d'Angleterre Henri Ier avait secrètement soulevé contre la France. Ce fut à cette occasion qu'on vit pour la première fois le roi de France aller prendre sur l'autel de Saint-Denis l'oriflamme que les comtes de Vexin avaient seuls le droit de porter quand ils allaient combattre les ennemis de l'abbaye.

296. *Pourquoi Louis-le-Gros ne profita-t-il pas des avantages qu'il avait eus sur l'empereur Henri V, pour tomber sur Henri Ier et lui enlever la Normandie?* C'est parce qu'il prévoyait que ses vassaux, qui l'avaient suivi volontiers contre un prince étranger, l'auraient abandonné s'il eût fallu combattre le duc de Normandie, toujours prêt à soutenir leurs révoltes.

297. *Comment Louis-le-Gros se montra-t-il favorable à l'Eglise?* Il s'en déclara le protecteur, fonda à Paris la superbe abbaye de Saint-Victor, et reçut en France 5 papes, qui vinrent y chercher un asile, savoir : Urbain II, Pascal II, Gélase II, Calixte II, Innocent II.

298. *Comment Louis-le-Gros commença-t-il à reprendre l'autorité dont les vassaux s'étaient emparés?* Il favorisa l'établissement des **communes;**

il affranchit des serfs, diminua la trop grande autorité des justices seigneuriales, par la création des justices royales; il introduisit l'usage de solder les troupes, et porta ainsi le premier coup à l'oppression féodale que la première croisade avait commencé à affaiblir.

299. *Quels sont les avantages qui résultèrent de l'affranchissement des communes?* La liberté rendue aux villes ranima l'industrie, et donna au commerce une activité qu'il n'avait point encore connue jusqu'alors.

300. *Quelle fin tragique eut le fils aîné de Louis-le-Gros, nommé Philippe?* Ce jeune prince, un an après qu'il eut été sacré à Reims du vivant de son père, perdit la vie en tombant de cheval dans les rues de Paris.

301. *Que fit Louis-le-Gros après la mort de son fils aîné?* Il présenta au sacre son autre fils Louis, qui prit le nom de *Louis-le-Jeune*, parce qu'il régna pendant quelques années avec son père, qu'on appelait Louis le *vieux*.

302. *Quels enfans eut Louis-le-Gros de son second mariage avec Alix, fille du comte de Maurienne et de Savoie?* Il eut plusieurs enfans, entre autres *Robert*, tige de la maison de Dreux, d'où est sortie celle de Bretagne; et *Pierre*, tige de la maison de Courtenay, qui a donné des empereurs à Constantinople.

303. *Que dit Louis-le-Gros à ses enfans en mou-*

rant, l'an 1137? « N'oubliez pas que l'autorité royale est un fardeau dont vous rendrez un compte très exact après votre mort. »

40.

LOUIS VII DIT LE JEUNE.
Règne de 1137 à 1180.

Louis sept aux saints lieux compromet sa puissance,
Renvoie Eléonore et démembre la France.

304. *Pourquoi Louis-le-Jeune, fils de Louis-le-Gros et son successeur, l'an 1137, fit-il la guerre à Thibault III, comte de Champagne?* Parce que ce seigneur protégeait Pierre de la Châtre, pourvu de l'archevêché de Bourges par le pape Innocent II, contre la volonté du roi, qui, en punition de sa résistance au pape, fut frappé d'excommunication.

305. *Quelles cruautés Louis VII exerça-t-il dans la guerre appelée sacrée qu'il fit à Thibault III, l'an 1142?* Il mit à feu et à sang la ville de Vitry, sans même épargner le temple, où plus de 1300 personnes, qui s'y étaient réfugiées, devinrent la proie des flammes.

306. *Quelle fut l'issue de la guerre sacrée?* Saint Bernard représenta à Louis VII qu'il ne pouvait expier ses cruautés qu'en se rendant en Palestine, et le décida, par ce moyen, à entreprendre la seconde croisade, en dépit des conseils de l'abbé Suger, ministre éclairé, qui croyait plus utile à l'état de retenir le roi en France.

307. *A qui Louis VII laissa-t-il l'administration de ses états pendant son absence?* Au célèbre Suger, abbé de Saint-Denis, son premier ministre qui fit bénir son administration, et gouverna si sagement, que le roi, à son retour, l'honora du titre de *père de la patrie.*

308. *Quel succès eut Louis-le-Jeune dans son expédition en Terre-Sainte, où il se rendit l'an 1147, avec une armée de 80,000 hommes?* L'indiscipline de l'armée, l'incapacité des chefs, l'insubordination de leurs vassaux, tout concourut à la perte totale des croisés. Louis VII, après deux ans de revers, retourna en France; et en revenant il fut pris sur mer par des corsaires grecs, des mains desquels il fut heureusement délivré par une flotte de Roger, roi de Sicile.

309. *Que fit Louis-le-Jeune après son retour de la Terre-Sainte?* Ayant conçu des soupçons fort graves sur la fidélité de sa femme Éléonore, qui l'avait suivi dans cette expédition, il fit casser son mariage avec elle, malgré les sages représentations de son ministre Suger, et lui rendit le Poitou et la Guyenne; puis il épousa Constance, fille d'Alphonse VIII, roi de Castille.

310. *Quelles suites funestes eut pour la France le divorce de Louis-le-Jeune?* Henri II Plantagenet, duc d'Anjou, et depuis roi d'Angleterre, possédait déjà la Touraine, le Maine, la Bretagne et la Normandie. Éléonore, en l'épousant, lui apporta en dot le Poitou et la Guyenne. La puis-

sion de ces provinces fut pendant 3oo ans la cause
des guerres funestes qui existèrent entre la France
et l'Angleterre.

311. *Comment finit Louis-le-Jeune, l'an 1180,
après avoir régné 43 ans?* Il mourut d'une para-
lysie, qu'il contracta en allant visiter le tombeau
de saint Thomas de Cantorbéry, pour obtenir la
guérison de Philippe, son fils, qu'il avait eu de
son troisième mariage avec Alix, fille du comte de
Champagne.

41.

PHILIPPE II AUGUSTE.

Règne de 1180 à 1223.

Son fils Philippe-Auguste à Bouvines vainqueur,
Reprend la Normandie et règne avec honneur.

312. *Quel fut le premier exploit de Philippe-
Auguste, fils de Louis-le-Jeune et son successeur,
l'an 1180?* A l'âge de 15 ans, il marcha contre les
Anglais, qui semblaient vouloir profiter de sa
minorité pour envahir une partie de la France,
et les força à confirmer les anciens traités entre les
deux états.

313. *Que fit Philippe-Auguste pour embellir Paris?* Il en fit paver les rues et les places publiques,
et renferma cette ville dans une enceinte de murs
garnis de tours.

314. *Comment Philippe-Auguste punit-il les Juifs
accusés de plusieurs injustices?* Il les chassa de son

royaume, et déclara son peuple quitte envers eux de tout ce qu'il leur devait; mais il les rappela dans la suite.

315. *Quel fut le motif de la 1re expédition de Philippe-Auguste en Terre-Sainte, c'est-à-dire de la 3e croisade?* Saladin, maître de l'Egypte, profitant de la mésintelligence des croisés établis en Terre-Sainte, venait de reprendre Jérusalem où Lusignan régnait presque sans autorité. Cette nouvelle ranima l'ardeur des croisades.

316. *Par qui fut entreprise la 3e croisade, et quel fut le succès de cette expédition?* La 3e croisade fut entreprise par Philippe-Auguste, Richard Ier, dit Cœur-de-Lion, roi d'Angleterre, Frédéric Ier, empereur d'Allemagne, qui prirent la croix l'an 1190; mais la discorde qui se mit entre le roi de France et le roi d'Angleterre, arrêta leurs succès, et la prise de Saint-Jean-d'Acre fut tout le fruit de cette entreprise.

317. *Que firent ces deux princes après la prise de Saint-Jean-d'Acre?* Affaibli par une violente maladie et dégoûté d'une guerre infructueuse, Philippe II revint en France, l'an 1191, et trouva son royaume florissant. Richard Ier, ne quitta l'Orient que quelques mois plus tard, après avoir fait un traité avec Saladin et avoir fait reconnaître Henri, comte de Champagne, pour roi de Jérusalem.

318. *Quel impôt Philippe-Auguste établit-il à*

l'occasion de cette 3e croisade ? Il établit la dîme Saladine que tous les Français, ecclésiastiques ou séculiers, nobles ou roturiers, excepté les croisés et les hôpitaux, étaient obligés de payer. Ce fut le premier exemple d'un impôt général.

319. *Quelle guerre injuste Philippe-Auguste fit-il à Richard Ier, pendant que ce roi était encore en Terre-Sainte ?* Quoiqu'il lui eût promis sur les saints-évangiles de ne rien entreprendre contre lui pendant son absence, il lui enleva Evreux et le Vexin.

320. *A quelle occasion Philippe-Auguste reprit-il la Normandie au roi Jean – Sans – Terre, successeur de Richard Ier mort l'an 1199 ?* Comme Jean-Sans-Terre, après avoir tué Arthur de Bretagne son neveu et successeur légitime de Richard Ier, refusait de se soumettre à la cour des pairs de France qui devait le juger, Philippe profita de cette résistance du roi d'Angleterre pour lui enlever la Normandie, le Maine, l'Anjou, la Touraine, le Poitou, et remettre ces provinces sous sa domination, en 1204.

321. *Quelle fut l'origine de la 4e croisade, en 1204 ?* Ces expéditions occupaient encore toutes les têtes, malgré le mauvais succès des précédentes ; le pape Innocent III profita de cette disposition des esprits, pour encourager les princes à se croiser de nouveau ; mais aucun souverain ne voulut y prendre part. Foulques, curé de Neuilly, fut chargé de la prêcher en France ; il profita

d'un tournois où Thibaut, comte de Champagne, avait réuni l'élite de la noblesse, et là il parvint à faire prendre la croix à une foule de princes et de seigneurs, qui associèrent les Vénitiens à leur entreprise.

322. *Quel fut le succès de la 4e croisade?* Les croisés partirent, en 1204, sous la conduite de Baudoin, comte de Flandre; mais, au lieu d'aller délivrer la Terre-Sainte, ils assiégèrent et prirent Constantinople, détruisirent l'empire grec et sur les ruines de ce vaste empire, ils élevèrent l'empire latin, qui ne dura que 58 ans, et dont ce même Baudoin fut le premier chef.

323. *Quelle autre croisade Philippe-Auguste permit-il encore en France, sans y prendre part?* Celle que le pape Innocent III publia contre les Albigeois, commandés par Raymond, comte de Toulouse, et dont la conduite fut confiée à Simon de Montfort-l'Amauri. Cette guerre, où les deux partis commirent beaucoup d'atrocités, se termina d'elle-même en 1212, sans aucun résultat, après avoir couvert de meurtre et de carnage le Languedoc et la Provence.

324. *Qu'était-ce que les Albigeois?* C'étaient des hérétiques qui rejetaient la plupart des dogmes de la religion catholique : ils furent nommés Albigeois, parce qu'ils tenaient leurs principaux rassemblemens dans le canton d'Alby.

325. *Pourquoi cette guerre fut-elle appelée croi-

sade? La guerre qu'on fit aux Albigeois prit le nom de *croisade*, parce que ceux qui les combattirent avaient pris pour signe de ralliement une croix qu'ils portaient sur la poitrine, afin de se distinguer des croisés de l'Orient qui la portaient sur l'épaule.

326. *Quelle fameuse bataille Philippe-Auguste gagna-t-il l'an 1214?* Celle de Bouvines, entre Lille et Tournay, où, avec une armée bien plus faible que celle des ennemis, il défit le roi d'Angleterre, le comte de Flandre et l'empereur Othon IV, ligués contre lui, et mena enchaînés à Paris les comtes de Flandre et de Boulogne. Cette victoire n'ajouta rien à ses domaines, mais elle donna une haute idée de lui à ses peuples, et augmenta beaucoup son autorité sur ses vassaux.

327. *Comment Philippe-Auguste s'assura-t-il la fidélité de ses officiers avant cette bataille?* Pendant que, selon la coutume avant une bataille, on célébrait une messe dans le camp, Philippe, qui avait quelque sujet de douter de la fidélité de ses troupes, déposa sa couronne sur l'autel, et s'adressant à ses soldats: «Si vous jugez, leur dit-il, «qu'il y ait parmi vous quelqu'un plus digne que «moi de porter cette couronne, je la lui cède vo-«lontiers, pourvu que vous vous disposiez à ne pas «la laisser démembrer.» Aussitôt tous s'écrièrent que Philippe était digne de régner, et qu'ils soutiendraient sa couronne aux dépens de leur vie. Ils tinrent parole, et Philippe fut vainqueur.

328. *Comment Louis, fils de Philippe-Auguste, fut-il appelé au royaume d'Angleterre?* Les Anglais, fatigués de la domination tyrannique du roi Jean-Sans-Terre, offrirent sa couronne au roi de France, qui les engagea à recevoir son fils Louis, mais ce prince fut bientôt renvoyé en France par ces mêmes Anglais.

329. *Quelle fut la fin de Philippe-Auguste, l'an 1223?* Ce roi qui avait mérité le surnom d'*Auguste*, à cause de ses conquêtes et de ses grands talens politiques, mourut à Mantes, âgé de 59 ans, après en avoir régné 43. On lui doit la construction de Notre-Dame, du Louvre et des Halles. La sculpture, la peinture, l'architecture firent des progrès sous son règne, et l'université de Paris commença à devenir florissante.

SYNCHRONISME. *L'an 1208, Gengiskan fait la conquête d'une grande partie de la Chine, de la Corée et de presque toute l'Asie. Origine du grand empire des mongols.*

XIII° SIÈCLE DE L'ÈRE CHRÉTIENNE,

DEPUIS L'AN 1200 JUSQU'A L'AN 1300.

42.

LOUIS VIII DIT LE LION.

Règne de 1223 à 1226.

En douze cent vingt-trois Louis dit le Lion
Réduisit l'Albigeois et vainquit Albion.

330. *Quels furent les premiers exploits de*

Louis VIII, qui succéda à son père Philippe-Auguste, l'an 1223? Ce roi, qui signala le commencement de son règne par l'affranchissement des serfs, et que sa bravoure fit nommer *Cœur-de-Lion*, réussit à chasser en peu de temps les Anglais de Niort, du Limousin, du Périgord, du pays d'Aunis, et de tout ce qu'ils possédaient en-deçà de la Garonne.

331. *Pourquoi Louis VIII n'acheva-t-il pas de chasser entièrement les Anglais de la France?* Sur le point de leur enlever la Gascogne, seule province qui leur restait, il porta ses armes contre les hérétiques Albigeois réfugiés à Avignon, où il perdit plus de la moitié de ses troupes et ses officiers les plus distingués.

332. *Que devint Louis VIII après avoir fait inutilement la guerre aux Albigeois, l'an 1226?* La saison trop avancée le força de retourner sur ses pas; et en revenant, il tomba malade à Montpensier en Auvergne, où il mourut âgé de 39 ans, après en avoir régné 3. Il est le premier de cette dynastie qui n'ait pas été sacré du vivant de son père.

333. *Combien d'enfans Louis VIII eut-il de son mariage avec la vertueuse Blanche de Castille?* Louis VIII eut 11 enfans, dont 5 seulement lui survécurent, savoir : Louis IX qui lui succéda; Robert, qui fut la tige de la maison d'Artois; Alphonse, tige des maisons d'Anjou, de Poitou et d'Auvergne; Charles, tige des maisons d'Anjou, du

Maine, de Provence et de Naples; et Isabelle, qui embrassa la vie religieuse et fonda le célèbre couvent de Long-Champs, près de Paris.

334. *Par quels établissemens le règne de Louis VIII est-il remarquable?* Le règne de Louis VIII est remarquable par l'établissement de plusieurs ordres religieux, dont les principaux sont les carmes et les franciscains ou cordeliers. Ces derniers eurent pour chef et fondateur, saint François, paysan d'Assises, en Ombrie : ils prirent le nom de cordeliers, parce qu'ils étaient ceints d'une corde. Ces deux ordres, joints aux jacobins et aux Augustins, formaient les quatre ordres mendians.

335. *Quelle institution contribua puissamment à adoucir les mœurs sous le règne de Louis XIII?* Celle de la chevalerie, qui, sous ce règne devint très florissante. Les chevaliers n'entraient dans cet ordre qu'après de longues épreuves, et ne s'y maintenaient qu'en restant fidèles à l'honneur et au serment qu'ils prêtaient de sacrifier leurs bras et leur vie pour la défense de l'état, de la religion, de la veuve, de l'orphelin, et de quiconque réclamait leurs secours.

43.

LOUIS IX, SAINT.

Règne de 1226 à 1270.

Saint Louis eut la guerre en Afrique deux fois,
Fit triompher la France et lui laissa des lois.

336. *Qui fut chargé de la régence pendant la mi-*

norité de Louis IX, dit saint Louis, fils aîné de Louis VIII et son successeur, l'an 1226 ? Ce fut la reine Blanche de Castille, sa mère, princesse sage et vertueuse, qui soutint heureusement la guerre contre le comte de Champagne et contre d'autres seigneurs peu soumis à leur prince.

337. *Dans quelle bataille saint Louis, encore jeune, commença-t-il à donner des preuves de sa valeur, l'an 1242 ?* A la bataille de Taillebourg, en Poitou, où il défit les Anglais, qui soutenaient plusieurs feudataires rebelles à l'état.

338. *Comment saint Louis se comporta-t-il dans les grands démêlés du pape Innocent IV avec l'empereur Frédéric II ?* Malgré les instances réitérées de ces deux princes, dont chacun voulait le mettre dans ses intérêts, il n'accorda rien à leurs prétentions, et empêcha même son frère Robert d'accepter l'empire, que le pape lui offrait.

339. *A quelle occasion saint Louis entreprit-il la 5e croisade, l'an 1248 ?* Dans une maladie dangereuse, il avait fait vœu d'aller en Terre-Sainte s'il recouvrait la santé : il se crut obligé d'accomplir ce vœu, malgré les remontrances de sa mère et des principaux seigneurs, qui lui représentaient les fâcheux résultats des 4 expéditions précédentes, et qui cependant, par condescendance, consentirent à prendre la croix.

340. *Quel fut le succès de cette expédition ?* Ayant suivi le conseil qu'on lui donna de mettre le sou-

dan Malek-Sala hors d'état de secourir Jérusalem qui obéissait à sa loi, il s'embarqua à Aigues-Mortes, marcha droit vers l'Egypte, prit d'abord Damiette. et fit à Massoure des prodiges de valeur; mais ensuite, affaibli par une maladie qui causait de grands ravages dans son armée, il fut fait prisonnier par les Sarrasins avec ses deux frères Alphonse et Charles.

341. *Comment saint Louis, étant prisonnier des Sarrasins en Egypte, recouvra-t-il sa liberté?* La grandeur d'âme qu'il montrait dans sa captivité lui attira la vénération des infidèles; et par suite d'un traité qu'il conclut avec eux en 1250, il paya 400,000 livres pour la rançon de ses troupes, et rendit Damiette pour la sienne, disant : « *Un roi de France ne se rachète pas avec de l'argent.* »

342. *Que fit saint Louis après avoir recouvré sa liberté?* Il s'embarqua pour la Palestine, où il demeura pendant 4 ans. Il employa ce temps à rétablir la bonne intelligence entre les princes chrétiens, et força les infidèles à rendre la liberté à plus de 12,000 prisonniers français.

343. *Pourquoi saint Louis quitta-t-il la Terre Sainte, l'an 1254?* Ce fut pour revenir en France où sa présence était nécessaire, surtout après la mort de la reine Blanche, sa mère, à qui il avait laissé la régence.

344. *Quels réglemens fit saint Louis à son retour en France?* 1° Il établit 4 grands bailliages

chargés d'écouter les plaintes des peuples opprimés par les barons ; 2° il admit dans le parlement des hommes instruits pour rectifier les décisions des chevaliers, qui savaient rarement lire, et qui décidaient de la fortune et de la vie des particuliers ; 3° il porta des édits sévères contre l'impiété et le désordre.

345. *Quels furent le motif et le succès de la sixième et dernière croisade, l'an 1270?* Saint Louis nourrissait toujours en son cœur l'espoir de repasser en Orient quand il en trouverait l'occasion ; les persécutions exercées contre les chrétiens, le déterminèrent. Il se dirigea, comme la première fois, sur l'Afrique, où il espérait faire embrasser le christianisme au roi de Tunis, mais il fut trompé dans son attente. Obligé de faire le siége de cette ville, il échoua devant la place, perdit en moins d'un mois la moitié de son armée, et succomba lui-même, en 1270, aux maladies qui moissonnaient ses soldats. Il était âgé de 55 ans, et en avait régné 43.

346. *Quels monumens remarquables saint Louis laissa-t-il?* Il fit bâtir entre autres, la *Sainte-Chapelle* et l'hôpital des *Quinze-Vingts*, où il logea 300 gentilshommes qui l'avaient suivi dans les croisades, et auxquels les infidèles avaient crevé les yeux.

347. *Quelle opinion doit-on avoir du caractère et du gouvernement de Louis IX?* Quoique la piété fut la base de sa conduite, il sut mettre des bor-

nes à la puissance ecclésiastique, et ne confondit jamais la religion avec les abus qu'on en peut faire ; il fut législateur et ami des sciences.

Comme législateur, il laissa un code connu sous le nom d'*Etablissemens de saint Louis*, et institua les notaires royaux.

Comme ami des sciences, il contribua à l'établissement de la Sorbonne, ainsi nommée de Sorbon, son confesseur, et combla de bienfaits l'Université, dite *fille aînée de nos rois*.

Saint Louis, par sa piété, sa fermeté, sa sagesse et sa vaillance, mérite d'être placé au nombre des plus grands monarques. Ses vertus lui ont fait donner le nom de *saint*, que l'Eglise lui a confirmé.

348. *Combien d'enfans saint Louis eut-il de son mariage avec Marguerite de Provence ?* Il en eut neuf, dont l'un, Robert de Clermont en Beauvoisis, devint la tige de la maison de Bourbon par son mariage avec Béatrix de Bourgogne, héritière de Bourbon.

44.

PHILIPPE III LE HARDI.

Règne de 1270 à 1285.

Philippe trois finit la dernière croisade,
Combat en Aragon, revient, tombe malade.

349. *Dans quelle circonstance Philippe, surnommé le Hardi, fut-il proclamé roi de France, l'an 1270 ?* Ce fut lorsqu'il était dans son camp devant

Tunis ; où il avait suivi saint Louis , dont il était le fils aîné.

350. *Comment Philippe III se conduisit-il en Afrique après la mort de son père ?* Avec ce qui restait de l'armée, il continua le siège de Tunis, vainquit les Sarrasins dans plusieurs combats, et fit avec eux une paix honorable, qui délivra plusieurs milliers de captifs, et donna à la religion catholique le privilège d'être professée librement dans le pays des infidèles. Ce fut tout le succès de cette dernière croisade, à laquelle il mit fin.

351. *Que doit-on penser en général de ces expéditions en Terre-Sainte, qui forment une des époques remarquables de l'histoire de France ?* Elles épuisèrent, à la vérité, l'Europe d'hommes et d'argent ; mais elles lui ont fait faire, et, à la France en particulier, un grand pas vers la civilisation ; elles ont augmenté la puissance des rois, en affaiblissant celle de leurs vassaux : elles ont purgé la France d'une multitude de vagabonds ; elles ont préparé les voies à l'introduction des lumières.

C'est à ces expéditions que la France doit la création de sa marine sous Philippe-Auguste et saint Louis ; c'est depuis ce temps que le commerce, jusqu'alors renfermé dans quelques villes de l'Allemagne et de l'Italie, commença à se répandre sur toute l'Europe ; enfin c'est aux croisades que l'on doit la renaissance des arts et les premiers pas de la civilisation européenne.

352. *Pourquoi Philippe III fit-il la guerre en Aragon, au roi Pierre , dit le Cruel ?* Ce fut pour le punir du massacre qu'on avait fait par son ordre de 8,000 Français, qui se trouvaient en Sicile, et dont un seul, Guillaume de Pourcelet, échappa à la fureur des assassins.

353. *Sous quel nom ce massacre est-il connu dans l'histoire ?* Sous le nom de *Vêpres siciliennes,* parce qu'il fut commis le lendemain de Pâques, au son de la cloche de vêpres, l'an 1282.

354. *Quelles furent la cause et les suites de cet horrible massacre ?* Charles d'Anjou, frère de saint Louis avait été investi du royaume de Naples et de Sicile par le pape Urbain IV. Sa cruauté, ses injustices et la mauvaise conduite des Français qui l'avaient suivi, les firent détester. Il se forma contre eux une conspiration, dont Jean de Procida fut le chef. Les Français furent chassés de la Sicile, et les descendans de Charles d'Anjou furent réduits au royaume de Naples.

355. *Comment finit Philippe - le - Hardi , l'an* 1285? En revenant de la guerre contre Pierre III d'Aragon, il mourut à Perpignan, d'une fièvre maligne, à l'âge de 41 ans. C'est sous le règne de ce prince qu'on voit les premières lettres d'anoblissement.

356. *Comment le comté de Toulouse revint-il à Philippe-le-Hardi ?* Par la mort d'Alphonse son oncle, qui avait épousé la fille de Raymond VII,

comte de Toulouse, à condition que, s'il n'avait point d'enfans, ce comté serait réuni à la couronne.

SYNCHRONISME. *L'an 1273, Rodolphe de Habsbourg est élu empereur d'Allemagne par les sept électeurs; origine de l'empire d'Autriche.*

45.

PHILIPPE IV LE BEL.

Règne de 1285 à 1314.

Sous Philippe-le-Bel, Molay vif est brûlé;
Les Flamands sont soumis, le pape est enlevé.

357. *Quelle guerre eut d'abord à soutenir Philippe-le-Bel, fils et successeur de Philippe-le-Hardi en 1285?* La guerre contre les Flamands, qui, encouragés par le roi d'Angleterre, Edouard Ier, se révoltèrent contre la France, sous prétexte de venger Edouard de l'affront qu'on lui avait fait en le citant au parlement de Paris pour y rendre compte des violences commises sur les côtes de la Normandie.

358. *Quel succès eut Philippe-le-Bel contre les Flamands, l'an 1296?* Vainqueur à Furnes et des Anglais et des Flamands, il les obligea d'accepter les conditions de paix qu'il voulut leur dicter.

359. *Combien de temps dura la paix que Philippe-le-Bel avait faite avec les Flamands?* Elle dura très peu de temps, parce que les gouverneurs français que Philippe-le-Bel leur avait laissés, s'étaient rendus odieux par des tyrannies.

360. *Quelle défaite Philippe-le-Bel essuya-t-il dans la seconde guerre qu'il fit aux Flamands ?* Il perdit, l'an 1302, la bataille de Courtrai, où périrent le comte d'Artois avec 20 mille hommes, et l'élite de la noblesse française, 4,000 paires d'éperons dorés ornèrent le triomphe des Flamands.

361. *Comment Philippe-le-Bel vengea-t-il sa défaite de Courtrai, l'an 1304 ?* Par la fameuse bataille de Mons-en-Puelle, où périrent plus de 25 mille Flamands ; cette victoire mit la Flandre entière à la disposition du roi de France.

362. *Comment finirent les démélés de Philippe-le-Bel avec le pape Boniface VIII ?* Le roi, que ce pontife avait excommunié dans un mouvement de colère, convoqua les états-généraux, où fut admis le tiers-état ; les trois ordres se déclarèrent contre le pape, et en appelèrent à un concile général. Philippe envoya vers lui l'habile négociateur Nogaret, qui, sous prétexte de signifier cet appel à la cour de Rome, trouva le moyen d'enlever le pape étant de concert avec les Colonne, premiers barons romains.

363. *Que se passa-t-il au concile de Vienne en Dauphiné, convoqué sous le pape Clément V, créature de Philippe-le-Bel ?* On y abolit, en 1310, l'ordre des Templiers, contre lequel le roi avait conçu une haine implacable, et dont le chef, nommé Jacques de Molay, fut condamné aux flammes avec un grand nombre de religieux de son ordre.

364. *De quels crimes accusait-on les Templiers ?*
Cet ordre religieux et militaire, établi à Jérusalem en 1118, était accusé d'impiété, d'hérésie et de tous les désordres qui pouvaient alors soulever contre lui l'opinion publique ; mais leur véritable crime était que leur puissance, leur popularité et leurs richesses avaient excité la jalousie et la cupidité de Philippe-le-Bel.

365. *Quand mourut Philippe-le-Bel ?* Il mourut en 1314, la même année que Jacques de Molay et laissa trois fils, qui régnèrent successivement et moururent sans enfans.

SYNCHRONISMES. *L'an 1300, fondation de l'empire turc en Bithynie par Ottoman. L'an 1307, origine de la confédération helvétique, Melchthal, Furst, Stauffacher et Guillaume Tell.*

XIVᵉ SIÈCLE DE L'ÈRE CHRÉTIENNE,

DEPUIS L'AN 1300 JUSQU'A L'AN 1400.

46.

LOUIS X LE HUTIN.

Règne de 1314 à 1316.

Louis dit le Hutin fait mourir Marigni.

366. *Combien de temps régna Louis X, dit Hutin ou Mutin, c'est-à-dire querelleur ?* Il régna deux ans ; ayant succédé à son père Philippe-le-

Bel, l'an 1314, il mourut l'an 1316 à Vincennes.

367. *Quel acte de rigueur exerça Charles de Valois, oncle du nouveau roi, Louis-le-Hutin ?* Etant à la tête du gouvernement, il fit pendre, le jour de l'Ascension, Enguerrand de Marigni, qui, en plein conseil, lui avait donné un démenti, et à qui il reprochait d'avoir pillé les finances, accablé le peuple d'impôts et altéré les monnaies.

368. *Qu'arriva-t-il après la mort de Louis X ?* Ce prince avait laissé enceinte sa femme, Clémence de Hongrie. En attendant que l'on sût si elle donnerait un héritier au trône, il y eut un interrègne, et Philippe V fut nommé régent. Peu de temps après, la reine accoucha d'un prince, qui fut nommé Jean, dit *Posthume*, mais qui mourut au bout de 8 jours. Philippe V prit alors le titre de roi.

47.

PHILIPPE V LE LONG.

Règne de 1316 à 1322.

Sous Philippe-le-Long le juif se voit banni.

369. *Combien de temps régna Philippe V, surnommé le long à cause de sa grande taille ?* Il régna 6 ans ; c'est-à-dire depuis 1316, qu'il avait succédé à Louis-le-Hutin, son frère, jusqu'à la fin de l'année 1322, où il finit ses jours à Vincennes.

370. *Pourquoi Philippe-le-Long chassa-t-il de*

son royaume *les Juifs, que son prédécesseur y avait rappelés ?* Parce qu'ils étaient accusés d'avoir empoisonné les puits et les fontaines publiques, de concert avec les lépreux et les Sarrasins.

371. *Quel projet utile avait formé Philippe-le-Long ?* Celui d'établir l'unité des poids et mesures? mais il ne put le réaliser, ayant rencontré un trop grand nombre de difficultés à surmonter.

48.

CHARLES IV LE BEL.

Règne de 1322 à 1328.

Charles quatre le Bel régna pendant six ans ;
Il fut juste et sévère et mourut sans enfans.

372. *Combien de temps régna Charles-le-Bel, troisième fils de Philippe-le-Bel ?* Il régna 6 ans, savoir, depuis l'an 1322, qu'il avait succédé à son frère Philippe-le-Long, jusqu'à l'an 1328, où, âgé de 38 ans, il finit ses jours à Vincennes.

373. *Quel exemple de justice rigoureuse donna Charles-le-Bel ?* Il fit punir sévèrement les rapines des financiers et des traitans, presque tous venus de l'Italie, surtout de la Lombardie ; et il les renvoya pauvres dans leur pays, tels qu'ils en étaient sortis.

374. *Pourquoi Charles-le-Bel enleva-t-il la Guyenne aux Anglais ?* Parce que Edouard II, roi d'Angleterre, avait manqué de se trouver au

sacre du roi de France, en sa qualité de feudataire de la couronne.

375. *Que fit Edouard II pour se réconcilier avec Charles-le-Bel ?* Il envoya en France, sa femme Isabelle, sœur de Charles; et, peu de temps après, il fit partir son fils, le prince de Galles, pour faire hommage à la France du duché de Guyenne.

376. *Qu'y a-t-il à observer au sujet de Charles-le-Bel ?* Qu'il érigea en duché-pairie la baronnie de Bourbon, en faveur de Louis Ier, fils de Robert, tige de la maison de Bourbon, et petit-fils de saint Louis; et que ce fut en lui que s'éteignit la première branche de la troisième race, dite des Capétiens, après avoir donné 14 rois, sans y comprendre Jean Posthume.

MOEURS ET COUTUMES DES FRANÇAIS

SOUS LES CAPÉTIENS DIRECTS.

377. *Quelles innovations les Capétiens directs introduisirent-ils dans l'armée ?* Philippe-Auguste fut le premier roi de France qui mit sur pied une armée soudoyée qu'il entretint en temps de paix. On ne connaissait alors aucune tactique militaire, les combattans se précipitaient sans ordre les uns contre les autres ; l'infanterie combattait avec l'arc, la fronde et le javelot. Philippe II institua les dignités de connétable et de maréchal;

celle d'amiral fut instituée par saint Louis et affectée au commandement en chef des armées navales.

378. *Quelles épreuves faisait-on subir à celui qui désirait entrer dans l'ordre des chevaliers ?* Son éducation commençait dès son enfance ; à l'âge de 7 ans, il entrait dans la maison de quelque illustre chevalier pour le servir en qualité de page, de damoiseau et de varlet ; à 14 ans, il passait au grade d'écuyer, et ses fonctions étaient alors d'habiller le maître, de porter son armure et de veiller à sa conservation dans les combats ; à l'âge de 21 ans accomplis, il se préparait par les jeûnes, les veilles et autres pratiques de dévotion à la cérémonie de l'accolade.

379. *En quoi consistait cette cérémonie de l'accolade ?* Après avoir été saintement préparé, le novice était conduit à l'église, vêtu de blanc et son bouclier pendu au cou ; ses parens, ses amis et tous les chevaliers du canton y étaient invités, les dames et les demoiselles lui attachaient les éperons dorés et toutes les pièces de son armure, et le plus ancien chevalier s'approchant de lui, lui ceignait l'épée qu'il prenait sur l'autel, et après lui avoir donné sur l'épaule un petit coup du plat de la sienne, il l'embrassait en lui disant : *De par Dieu, Notre-Dame et Monseigneur saint Denis, je vous fais chevalier.* Après quoi il lui faisait prêter on serment.

380. *Quelles étaient les prérogatives des chevaliers, et de qu'elles armes-faisaient-ils usage ?* Ils

jouissaient de la plus haute considération ; leurs femmes portaient le titre de dames ; les armes défensives dont ils se servaient étaient : le heaume ou casque, l'écu ou bouclier, le haubert ou cotte de mailles, la cuirasse, les brassards, les gantelets et les cuissards ; leurs armes offensives étaient : l'épée, le sabre, la hache et la masse d'armes.

381. *Qu'appelait-on trève du seigneur?* Sous le gouvernement féodal les seigneurs s'étaient arrogé le droit de se faire justice par eux-mêmes ; aussi ne voyait-on dans toutes les provinces que vengeances particulières, que meurtres et brigandages ; le gouvernement était trop faible pour faire cesser ce désordre. C'est pourquoi le concile de Clermont arrêta, que depuis le mercredi jusqu'au lundi matin, on ne pourrait rien prendre de force, ni tirer vengeance d'une injure, ni exiger le gage d'une caution ; prononçant peine d'excommunication contre quiconque violerait cette défense. Cet arrêt prit le nom de *trève du seigneur.*

382. *Quel était l'état de Paris sous le rapport de la salubrité, des bâtimens et de la police ?* Avant Philippe-Auguste, les rues de cette capitale n'étaient point pavées ; elles étaient fort étroites et peu aérées ; les immondices qu'on y laissait s'accumuler, les rendaient de véritables cloaques, et y occasionaient de graves maladies.

383. *Quel était l'état des lettres sous les Capétiens directs ?* Les premiers essais de poésie datent de la fin du xie siècle, sous Philippe Ier ; les au-

teurs de ces poésies ou chansons en prose rimée s'appelaient *troubadours* dans les provinces du sud, et *trouvères* dans les provinces du nord, et ceux qui les accompagnaient d'instrumens prenaient le nom de *jongleurs*. Ce fut sous Louis VII, au XII siècle, que l'on vit les premiers *troubadours*, poètes sortis de la Provence.

L'*Université de Paris*, fondée en 1210, devint bientôt très florissante, et au commencement du XIIIe siècle, sous Philippe-le-Bel, Clémence Isaure, dame de Toulouse, institua l'académie des *Jeux floraux*, la première société littéraire qui parut en France depuis Charlemagne.

384. *Les sciences et les arts ne firent-ils pas aussi quelques progrès sous cette dynastie ?* Les écoles de médecine de Paris et de Montpellier datent de la fin du XIIe siècle; auparavant les chirurgiens exerçaient la médecine, et à défaut de ceux-ci les barbiers, sans être soumis à aucune autorité.

GERBERT, moine d'Aurillac et depuis pape sous le nom de Sylvestre II, inventa l'horloge à balancier et introduisit en France l'usage des chiffres arabes.

GUI D'AREZZO inventa la musique à plusieurs parties, les lignes de portée et la gamme ou les fameuses syllabes *ut, ré, mi, fa, sol, la, si.*

Enfin, sous Philippe-Auguste, en 1210, on fit usage pour la première fois en France de la boussole que l'on appelait *marinette.*

7

385. *Quels monumens remarquables nous ont laissés les premiers Capétiens ?* Parmi les monumens qui datent du règne des premiers Capétiens, on peut citer la cathédrale de Strasbourg, commencée sous Robert en 1015, et la Sainte-Chapelle bâtie par saint Louis.

C'est au règne de Robert que l'on fait remonter l'origine de l'architecture gothique.

386. *Quels sont les principaux personnages célèbres de cette époque de notre histoire ?* Ce sont dans l'ordre chronologique de leur mort :

Dans le xie siècle,
- 1003 GERBERT, inventeur de l'horloge.
- 1080 GUI D'ARREZZO, inventeur de la gamme.
- 1095 PIERRE L'HERMITE, auteur de la première croisade.

Dans le xiie siècle,
- 1100 GODEFROY DE BOUILLON, roi de Jérusalem.
- 1142 ABAILARD, philos. et théologien.
- 1152 L'abbé SUGER, ministre.
- 1153 Saint BERNARD, auteur de la seconde croisade.

Dans le xiiie siècle,
- 1202 FOULQUES, curé de Neuilly, qui prêcha la quatrième croisade.
- 1212 VILLE-HARDOUIN, historien.
- 1252 BLANCHE DE CASTILLE, mère de saint Louis.
- 1253 THIBAUT, comte de Champagne, poète.
- 1271 ROBERT DE SORBON, confesseur de saint Louis.
- 1274 Saint THOMAS D'AQUIN, théologien.
- 1280 JOINVILLE, historien.
- 1285 CHARLES D'ANJOU, roi de Sicile.

Dans le XIVe siècle,
{
1314 JACQUES DE MOLAY, grand-maître des Templiers.
1315 ENGUERRAND DE MARIGNY, ministre de Louis-le-Hutin
1317 ROBERT DE CLERMONT, tige des Bourbons.
1325 CHARLES DE VALOIS, tige des Valois.
» » CLÉMENCE ISAURE de Toulouse.
}

BRANCHE DES VALOIS.

49.

PHILIPPE VI DE VALOIS.

Règne de 1328 à 1350.

Triomphant à Cassel, et battu par l'Ang'ais
A l'Ecluse, à Crécy, Philippe perd Calais,
Gagne le Dauphiné, et voit la France entière
En proie à la famine, à la peste, à la guerre.

387. *Comment Philippe de Valois parvint-il à la couronne, l'an 1328, après la mort des trois fils de Philippe-le-Bel ?* En sa qualité de leur cousin germain, étant fils du frère de Philippe-le-Bel, Charles de Valois, qui fut fils de roi, frère de roi, oncle de trois rois, et père de roi sans avoir été roi lui-même.

388. *Quel obstacle Philippe de Valois rencontra-t-il avant de monter sur le trône ?* La couronne de France lui fut disputée par Edouard III, roi d'Angleterre, qui appuyait ses prétentions sur ce qu'il était neveu de Charles-le-Bel, par sa mère Isabelle, tandis que Philippe de Valois n'en était

que le cousin; néanmoins Philippe de Valois fut proclamé roi comme premier prince du sang, en vertu de la loi Salique, qui exclut de la couronne non-seulement les femmes, mais aussi leur postérité.

389. *Que comprenait le domaine de la couronne quand Philippe de Valois monta sur le trône ?* Il comprenait 9 provinces, savoir: la Picardie, l'Ile-de France, l'Orléanais, le Berry, la Touraine, la Normandie, le Languedoc, la Champagne et le Lyonnais.

390. *Quel fut le premier exploit militaire de Philippe de Valois ?* Il alla au secours du comte de Flandre, dont les sujets s'étaient révoltés; et les ayant défaits dans une bataille à Mont-Cassel, en 1328, il les remit entièrement sous l'obéissance de leur souverain.

391. *Quel sage conseil Philippe de Valois donna-t-il au comte de Flandre avant de le quitter?* Il lui dit ces paroles mémorables : « Soyez plus prudent et plus humain à l'avenir, et vous aurez moins de rebelles. »

392. *Quel fut le sujet des inimitiés qui existèrent entre Edouard III et Philippe de Valois ?* Edouard, jaloux de la préférence que Philippe avait obtenue sur lui, n'avait point assisté au sacre du roi de France, et ne lui avait point rendu hommage de la Guyenne; Philippe, enflé de ses succès à la journée de Cassel, le força, en 1329, de venir à

Amiens en qualité de vassal pour le duché de Guyenne, et d'y rendre hommage tête nue, sans couronne, ni épée, ni éperons, genou en terre, en présence des rois de Navarre, de Bohême et de Majorque.

393. *Quelles furent les suites de la conduite de Philippe envers Edouard ?* Edouard se fit reconnaître roi de France par les Flamands révoltés, et avec leur secours il chercha à pénétrer en France ; Philippe voulut s'y opposer et perdit, en 1340, la fameuse bataille de l'*Ecluse,* où la flotte française composée de 120 gros vaisseaux montés par 40 mille hommes, fut battue par celle d'Angleterre.

394. *Après la trève qui suivit le combat de l'Ecluse, quelle autre bataille fameuse les Français perdirent-ils contre les Anglais, l'an 1346 ?* Les Anglais gagnèrent la bataille de *Créci* en Picardie, où il périt près de 30 mille Français, 1,500 gentilshommes, et 11 princes, entre autres Jean, roi de Bohême, et Charles, comte d'Alençon, frère du roi.

395. *Quelle fut la principale cause du succès qu'eurent les Anglais à Créci ?* Ce fut le canon, dont les Anglais se servirent les premiers dans cette journée et dont ils firent jouer 6 pièces à-la-fois.

396. *Quelles villes prirent les Anglais après avoir gagné la bataille de Créci ?* Ils s'emparèrent de Calais en 1347, malgré la noble résistance des habitans de cette ville, défendue par le brave Jean

de Vienne, et ils la gardèrent pendant plus de 200 ans.

397. *En quoi le siège de Calais est-il célèbre?* Par l'héroïque dévoûment d'Eustache de Saint-Pierre et de 5 autres Calaisiens qui, pour délivrer leurs concitoyens, vinrent en chemise, la corde au cou et les clefs de la ville à la main, se livrer à la merci du vainqueur, qui l'avait ainsi exigé.

398. *Quels fléaux se joignirent aux calamités de la guerre, l'an 1348?* Une famine horrible se fit sentir; et, pour comble de maux, la peste, qui avait fait le tour du monde connu, vint ravager la France et lui enleva le quart de sa population. Le nombre des morts s'élevait, dit-on, à 500 par jour à l'Hôtel-Dieu de Paris.

399. *Comment Philippe de Valois fut-il consolé de ses pertes contre les Anglais?* Il acquit par différentes voies le Roussillon, Montpellier, les comtés de Champagne et de Brie et le Dauphiné.

400. *A quelle condition Humbert, dernier prince de Dauphiné, laissa-t-il ses états à la France?* A condition que les fils aînés de nos rois s'appelleraient *dauphins*, et qu'ils porteraient les armes de cette province écartelées avec celles de France.

401. *Quel impôt Philippe de Valois établit-il pour subvenir aux besoins de l'état?* Il introduisit la gabelle ou l'impôt sur le *sel*, au sujet duquel le roi d'Angleterre, exclu de la couronne de France à cause de la loi Salique; disait plaisamment que « Philippe était l'auteur de la loi *Salique*. »

402. *Où Philippe de Valois mourut-il l'an 1350?* Il mourut à Nogent-le-Rotrou, près de Chartres, âgé de 57 ans, après en avoir régné 22. Son règne est une des époques les plus malheureuses de la monarchie française.

SYNCHRONISMES. L'an 1345, première mention de la poudre à canon en France; en 1348, le pape Clément VI achète la ville d'Avignon appartenant à Jeanne Ire, reine de Naples.

50.

JEAN-LE-BON.

Règue de 1350 à 1364.

Jean, dit le Bon, fidèle envers son ennemi,
Prisonnier à Poitiers, fut libre à Brétigni.

403. *Que fit d'abord Jean dit le Bon, fils de Philippe de Valois, et son successeur, l'an 1350?* A l'exemple d'Edouard III, qui venait d'instituer l'ordre de la Jarretière, Jean créa l'ordre de l'Etoile, dans la vue de faire revenir à sa cour les seigneurs qui s'en étaient éloignés, et dont il voulait tâcher de regagner l'amitié; mais cette distinction fut si prodiguée qu'elle tomba dans le mépris.

404. *Quelle faute Jean-le-Bon commit-il à son avènement au trône?* Il révolta tous les esprits en faisant trancher la tête, sans aucune forme de

procès, à Raoul, comte d'Eu, connétable de France, accusé, mais non convaincu, d'intelligence avec l'Angleterre, où il avait été prisonnier pendant 4 ans.

405. *Quelles furent les suites de l'exécution du comte d'Eu?* Jean avait donné à Charles de Lacerda, prince d'Espagne, la dignité de connétable, dont le comte d'Eu avait été dépouillé. Charles-le-Mauvais, roi de Navarre et gendre de Jean, jaloux de Lacerda, le fit assassiner. Le roi eut la faiblesse de faire grâce au coupable, qui, enhardi par l'impunité, se livra à de nouveaux excès et conspira contre la famille royale.

406. *Que fit Jean-le-Bon, instruit que le roi de Navarre conspirait contre lui?* Il se rendit à Rouen, où celui-ci donnait une fête à toute sa cour, et entrant brusquement dans la salle où étaient réunis tous les convives, il marcha droit à Charles-le-Mauvais, l'arrêta lui-même et le fit transporter dans un château fort de Picardie, en 1356, et depuis dans la tour du Louvre.

407. *Quelle fut l'issue de la guerre qu'Edouard III fit à la France, l'an 1356, pour venger la détention de Charles-le-Mauvais, son allié?* Il envoya en France son fils Edouard, prince de Galles, connu sous le nom de *Prince noir*, qui, à la tête d'une armée de 12 mille hommes, ravagea le Limosin, l'Auvergne, et, dans la fameuse *bataille de Poitiers*, parvint à faire prisonnier le roi Jean et son fils Philippe, qui étaient à la tête de 40 mille hommes.

408. *Quelle contenance prit le roi Jean, devenu prisonnier du Prince noir ?* Sans paraître abattu dans son malheur : « Je comptais, dit-il, vous donner à souper aujourd'hui ; mais la fortune en dispose autrement, et veut que je soupe chez vous. »

409. *Que se passait-il en France pendant que Jean-le-Bon était captif en Angleterre, et que le dauphin son fils était régent du royaume de France?* Marcel, prévôt des marchands, ministre secret de la haine que Charles-le-Mauvais nourrissait contre la famille royale et contre les grands , se mit à la tête d'une faction de paysans, appelée *la Jacquerie*, qui fit sortir de prison le roi de Navarre, et massacra, en présence et dans la chambre même du dauphin, plusieurs seigneurs et un grand nombre de gentilshommes.

410. *Que fit le dauphin Charles, pendant ces désordres ?* Il demanda aux états de Champagne et à d'autres provinces, des secours qui le mirent en état de venir bloquer la capitale. Marcel, qui défendait la ville, fut assassiné; le roi de Navarre implora alors le secours d'Edouard , qui pénétra en France, s'avança près de Paris, et signa la paix à Brétigny.

411. *A quelle occasion le roi Jean sortit-il de sa prison de Londres?* A la paix conclue à Brétigny, près de Chartres, en 1360, dans laquelle il fut stipulé que le roi paierait à Edouard III la somme de 3 millions d'écus d'or, et lui céderait le Poitou,

la Saintonge, l'Agénois, le Périgord, le Limosin, le Quercy, l'Angoumois et le Rouergue.

412. *Que fit Jean-le-Bon, se trouvant dans l'impossibilité de continuer le paiement de sa rançon, l'an 1364?* Il retourna se mettre en otage à Londres, où il mourut peu de temps après, âgé de 54 ans, après en avoir régné 14.

413. *Quelles étaient les principales qualités de Jean-le-Bon?* Les principales qualités de Jean-le-Bon étaient : la bravoure, la générosité et la franchise : aussi disait-il souvent : « *Si la bonne foi et la vérité étaient bannies du reste de la terre, elles devraient se retrouver dans la bouche des rois.* »

414. *Combien d'enfans Jean-le-Bon laissa-t-il en mourant?* Il en laissa 4, savoir : le dauphin *Charles*, qui lui succéda ; *Louis*, chef de la seconde maison des princes d'Anjou, roi de Naples ; *Jean*, duc de Berry, et *Philippe*, surnommé le Hardi, qui, créé duc de Bourgogne à la mort de Philippe de Rouvre, dont il épousa la veuve, devint la tige de la deuxième maison de Bourgogne.

Cette maison qui rivalisa de puissance avec les rois de France, finit en la personne de Charles-le-Téméraire, tué devant Nancy, l'an 1477.

51.

CHARLES V, LE SAGE.

Règne de 1364 à 1380.

Aidé de Duguesclin, Charles cinq de la France
Repousse les Anglais, et règne avec prudence.

415. *Quel titre eut Charles V, fils et successeur
de Jean-le-Bon, l'an* 1364. Il prit le titre de dauphin, que les fils aînés des rois de France portèrent alors pour la première fois et qu'ils n'ont cessé
de porter jusqu'à nos jours.

416. *Quel guerrier distingué aida Charles-le-
Sage à relever la France de l'état d'épuisement où
Jean-le-Bon l'avait laissée ?* Ce fut Bertrand Duguesclin, gentilhomme breton, que son courage et
ses talens militaires élevèrent dans la suite à la dignité de connétable.

417. *Quelle tentative Charles-le-Mauvais fit-il
au commencement du règne de Charles V ?* Il éleva
des prétentions sur le duché de Bourgogne; les
Anglais le secondèrent ayant à leur tête Jean de
Gailly, Captal de Buch, l'un des meilleurs capitaines de ce temps. Bertrand Duguesclin en vint
aux mains avec eux près de Cocherel à trois lieues
d'Evreux, en 1375, le battit complètement et fit
le comte de Buch prisonnier.

418. *Dans quelle bataille Duguesclin fut-il fait
prisonnier ?* Duguesclin fut fait prisonnier à la bataille d'Auray, livrée en 1364, au sujet de la possession de la Bretagne.

419. *Par quels exploits Duguesclin se distingua-t-il en Espagne après avoir été rendu à sa patrie en 1356?* Il fut envoyé l'année suivante pour punir de ses crimes Pierre-le-Cruel, roi de Castille, devenu odieux à ses sujets; il le détrôna et mit à sa place Henri de Transtamare, frère de ce roi.

420. *En quoi cette expédition d'Espagne fut-elle utile à la France?* En ce qu'elle la délivra des grandes compagnies que Duguesclin emmena avec lui, et qu'il attacha au service de Henri de Transtamare.

421. *Qu'étaient-ce que les grandes compagnies?* C'étaient des troupes formant la garnison des villes cédées aux Anglais par le traité de Brétigny; licenciées et ne sachant que devenir, elles étaient restées réunies en corps, s'étaient nommé des chefs et parcouraient la France vivant de rapine et de pillage.

422. *Quelles dignités Duguesclin reçut-il, où et comment termina-t-il ses jours?* Nommé duc de Longueville en 1364, connétable de Castille en 1366, et connétable de France en 1369, il mourut de maladie en 1380, à l'âge de 66 ans, au siège de Châteauneuf-de-Randon, en recommandant à ses officiers de ne jamais traiter en ennemis les laboureurs, les femmes, les enfans et les vieillards.

423. *Quel mérite particulier reconnaît-on dans Charles-le-Sage?* C'est le seul prince qui, sans avoir jamais paru à la tête de ses armées, força ses ennemis à le regarder comme un grand capitaine;

et qui par la seule force de son génie, établit un grand ordre dans ses finances, sans que cela l'empêchât de laisser plusieurs monumens célèbres.

424. *A quels monumens célèbres Charles V donna-t-il ses soins?* Il fit bâtir la Bastille en 1370, augmenta le Louvre, fit élever le palais de Saint-Germain-en-Laye, ainsi que les châteaux de Creil et de Montargis, et enrichit de 900 volumes la bibliothèque qui sous le roi Jean n'en contenait que 20.

425. *Quelles provinces ajouta-t-il à la couronne?* Il joignit aux domaines de la couronne, le Limosin, l'Angoumois, l'Aunis, le Poitou, et la Saintonge.

426. *Avec quel zèle Charles-le-Sage surveillait-il l'éducation morale du jeune prince Charles, son fils aîné?* Apprenant qu'un jeune seigneur de la cour avait tenu des propos trop libres devant le dauphin, il le chassa sur-le-champ, en disant qu'il faut inspirer aux enfans des princes l'amour de la vertu, afin qu'ils surpassent en bonnes œuvres ceux qu'ils doivent surpasser en dignité.

427. *Quelles paroles remarquables cite-t-on encore de lui?* « Je ne trouve les rois heureux, disait-il, que parce qu'ils ont le pouvoir de faire du bien. »

428. *Comment finit Charles-le-Sage, l'an 1380 et où fut-il enterré?* On dit qu'il mourut d'un poison lent que lui avait donné plusieurs années auparavant Charles-le-Mauvais, roi de Navarre, son cou-

sin, et le plus dangereux de ses ennemis. Il fut enterré à Saint-Denis, dans un tombeau qu'il avait fait construire lui-même, et au pied duquel il avait fait placer celui de Duguesclin.

429. *Quelle remarque peut-on faire à l'occasion de la mort de Charles V?* C'est que par une sorte de fatalité on vit disparaître dans l'espace de 4 ans les quatre personnages les plus remarquables de ce temps, savoir : le prince Noir qui mourut en 1376, Edouard III son père en 1379, Duguesclin en 1380 et Charles V deux mois après.

SYNCHRONISMES. *L'an* 1369, *Timour ou Tamerlan, nouveau conquérant Mongol; il établit à Samarcand le siège de son empire;* 1371, *avènement des Stuarts au trône d'Écosse.*

CHARLES VI

Règne de 1380

Sous Charles six, au Mans, privé de sa raison,
L'Armagnac est en guerre avec le Bourguignon;
C'est la France, que livre Isabeau de Bavière,
Voit régner à Paris Henri cinq d'Angleterre.

430. *Quels troubles s'élevèrent en France pendant la minorité de Charles VI, fils et successeur de Charles V, l'an 1380?* Les trois oncles de ce roi, le duc d'Anjou, celui de Berry et celui de Bourgogne, étaient par leur naissance les tuteurs de l'état, ils en devinrent les tyrans, et y causèrent de si grands désordres que la France fut enfin forcée de se soulever.

431. *Quel nom eurent les rebelles à Paris pendant la minorité de Charles VI?* Ils furent nommés les *Maillotins,* parce qu'ils avaient fait usage de maillets de fer pour tomber sur les financiers auxquels ils attribuaient en partie leurs malheurs.

432. *Que faisait Charles VI, âgé de 12 ans, pendant la révolte de Paris, l'an 1382?* Né avec des dispositions guerrières, il était occupé à combattre les Flamands révoltés contre leur comte, et remportait sur eux la victoire de Rosbec, où, dit-on, la France perdit l'oriflamme de Saint-Denis. On dut principalement le succès de cette journée au connétable Olivier de Clisson, élève et successeur de Duguesclin.

433. *Comment Charles-le-Mauvais mourut-il?* Après avoir tenté vainement d'empoisonner d'un seul coup le roi et les princes, il mourut, en 1388, dans les plus cruels tourmens; il fut brûlé tout vif, soit à dessein, soit par accident, dans un drap imbibé d'esprit-de-vin où ses débauches exigeaient qu'il fût souvent enveloppé.

434. *Dans quelles circonstances arriva l'aliénation mentale de Charles VI?* Le connétable de Clisson avait été assassiné par Pierre de Craon qui s'était réfugié chez Jean de Monfort, duc de Bretagne. Charles VI, voulant punir le coupable, le réclama à Jean de Monfort, qui refusa de le livrer. Charles marcha sur la Bretagne, et en traversant la forêt du Mans, il perdit la raison au point qu'il fallut le lier et le ramener à Paris.

435. *A quelles causes attribue-t-on ce malheur?* Selon l'opinion générale, il fut frappé d'un coup de soleil qui troubla sa raison, et le rendit furieux; mais les uns attribuent cette démence à une potion préparée par la reine; d'autres, à la frayeur que lui causa un prétendu fantôme sorti tout-à-coup d'un buisson.

436. *Quelles furent les suites de la démence de Charles VI?* Les trois oncles reprirent les rênes du gouvernement; mais le duc d'Orléans, frère de Charles VI, parvint à se faire nommer lieutenant-général du royaume, et supplanta ainsi son oncle le duc de Bourgogne qui avait toute l'autorité.

437. *Que fit Jean-Sans-Peur après la mort de son père le duc de Bourgogne?* Il fit assassiner le duc d'Orléans, en 1407, et dès ce moment les maisons d'Orléans et de Bourgogne devinrent irréconciliables.

438. *Quelles suites funestes eut pour l'état l'assassinat du duc d'Orléans, en 1415?* Les Anglais mettant à profit nos divisions, gagnèrent en Artois la fameuse bataille d'Azincourt, qui couvrit la France de deuil, surtout par la perte de sept princes Français, et qui rendit les Anglais maîtres de la Normandie et du Maine.

439. *Dans quel état se trouva le royaume après la bataille d'Azincourt?* Les Français, divisés en deux factions, celle des *Orléanais* ou des *Armagnacs*,

qui voulaient venger l'assassinat du duc d'Orléans, et celle des *Bourguignons,* qui soutenaient les intérêts de Jean-Sans-Peur, s'immolaient à l'envi aux fureurs de l'une et de l'autre faction.

440. *Quel parti le dauphin Charles prit-il dans cette circonstance?* Il se joignit à la faction d'Orléans ; mais bientôt il négocia une réconciliation avec le duc de Bourgogne, et l'invita à une conférence à Montereau ; Jean-Sans Peur s'y rendit et fut assassiné en 1419, par les gens du dauphin, en représailles de l'assassinat du duc d'Orléans.

441. *Quel moyen Philippe-le-Long, fils de Jean-Sans-Peur, employa-t-il pour venger la mort de son père?* De concert avec Isabelle de Bavière, femme de Charles VI, et mère dénaturée du dauphin Charles, il fit déclarer régent et héritier du royaume le roi d'Angleterre Henri V, époux de Catherine, dernière fille de France.

442. *Où était le dauphin Charles, lorsque le roi d'Angleterre Henri V, maître de Paris, gouvernait l'état sans contradiction?* Retiré dans l'Anjou, il faisait tous ses efforts pour défendre le trône de son père, et pour chasser de la France la maison de Lancastre ; mais il n'y parvint qu'à la mort de Henri V, l'an 1422.

443. *Combien de temps le malheureux Charles VI survécut-il à Henri V?* Il mourut la même année, âgé de 54 ans, après en avoir régné 42, et ne laissant d'autre enfant que le dauphin Charles. Le

peuple une haine irréconciliable, le rendit responsable des maux dont la France fut accablée, et versa des larmes à ses funérailles.

SYNCHRONISMES. *L'an 1380, origine du grand schisme d'Occident, causé par la double élection des papes, Urbain VI et Clément VII. En 1397, union de Calmar, qui réunit sous le sceptre de Marguerite les trois couronnes de Danemark, de Suède et de Norwège.*

XVe SIÈCLE DE L'ÈRE CHRÉTIENNE.

DEPUIS L'AN 1400 JUSQU'A L'AN 1500.

83.

CHARLES VII, LE VICTORIEUX.

Règne de 1422 à 1461.

Sauvé par la Pucelle au siège d'Orléans,
Charles sept est vainqueur et règne trente-neuf ans.

444. *Dans quel état était le royaume de France à la mort de Charles VI?* Les trois quarts au moins du royaume de France étaient sous l'obéissance des Anglais et des Bourguignons coalisés. Henri VI, roi d'Angleterre, proclamé roi de France, avait fixé sa cour à Paris, et le duc de Bedfort, son frère y gouvernait. Il ne restait enfin à Charles VII que la Touraine, le Bourbonnais, le Lyonnais, le Forez, l'Auvergne, le Dauphiné, une partie du Languedoc et de la Saintonge, quelques villes au delà de la Loire, et le Berry avec Bourges, dont

il faisait sa capitale, ce qui le fit appeler par dérision *le roi de Bourges*.

445. *Que fit Charles VII dans cet état de choses?*
Il fit tous ses efforts, mais en vain, pour reconquérir les provinces que les Anglais lui avaient enlevées, et il était sur le point de succomber, lorsque la division, qui se mit entre les Bourguignons et les Anglais, lui donna pendant quatre ans le temps de se mettre en état de lutter avec plus d'avantage; mais ceux-ci se réconcilièrent et vinrent mettre le siège devant Orléans.

446. *A quoi s'occupait Charles VII pendant que ses généraux défendaient vaillamment la ville?* Il était à Chinon auprès de la belle Agnès Sorel, occupé de fêtes et de plaisir. On dit que ce prince, demandant un jour à La Hire ce qu'il pensait de ces divertissemens : « Je pense, lui répondit ce courtisan, qu'on ne saurait perdre son royaume plus gaîment. »

447. *Qu'arriva-t-il en 1428 pendant que les Anglais faisaient le siège d'Orléans?* Après sept mois de siège, cette ville, quoique défendue par le brave Dunois, était près de se rendre aux Anglais, lorsqu'une jeune paysanne de Lorraine, nommée Jeanne d'Arc et communément *la pucelle d'Orléans,* se présenta comme envoyée du ciel pour délivrer la ville, conduire le roi à Reims, et l'y faire sacrer.

448. *Que fit Jeanne d'Arc après avoir fait con-

firmer sa mission par le roi? Elle marcha droit à Orléans, en fit lever le siége le 8 mai 1428, poursuivit l'armée anglaise, et après l'avoir battue complétement à Patay, elle revint à Chinon, où le roi la reçut avec toutes les marques d'honneur dues à son courage.

449. *Que fit Jeanne d'Arc après avoir accompli le premier point de sa mission?* Elle pressa le roi de partir pour Reims; 8b lieues de pays à traverser occupé par les ennemis, 1200 hommes seulement et point de vivres ni d'argent, rien n'arrête son courage; le roi se décide à la suivre, et arrive sans résistance le 16 juillet 1429 à Reims où il fut sacré le lendemain.

450. *Comment finit la malheureuse Jeanne d'Arc, l'an 1431?* Cette héroïne, continuant de poursuivre les Anglais, fut faite prisonnière au siége de Compiègne, et conduite à Rouen, où elle fut brûlée, comme sorcière, au milieu du cimetière de Saint-Ouen. 24 ans après, sa mémoire fut réhabilitée par le pape qui fit revoir son procès et la déclara innocente.

451. *De quelle manière adroite Agnès Sorel, maîtresse de Charles VII, réveilla-t-elle le courage de ce monarque trop livré aux plaisirs?* « Un astrologue m'a assuré, dit-elle, que je serais aimée du plus grand roi du monde; mais cette prédiction ne vous regarde point, sire, puisque vous négligez d'arracher à vos ennemis un état qu'ils vous ont

usurpé ; je vais donc accomplir ma destinée en passant à la cour d'Angleterre. »

452. *Quels avantages remporta sur les Anglais, en 1450, le roi Charles VII, dont la valeur avait été excitée par les reproches d'Agnès Sorel, et par les succès de Jeanne d'Arc ?* Profitant des factions qui divisaient les Anglais sous les noms de rose rouge (maison d'York) et rose blanche (maison de Lancaster), il leur enleva d'abord la Normandie et la Guyenne ; et, l'année suivante, étant secondé par ses généraux les comtes de Dunois, de Penthièvre, de Foix et d'Armagnac, il reprit toutes les conquêtes des Anglais, et ne leur laissa que Calais, en 1453. C'est alors qu'il reçut le surnom de Victorieux.

453. *Comment se conduisit Charles VII après avoir été délivré de ses ennemis ?* Il répara par un sage gouvernement les maux de la France, encouragea les lettres et les sciences, et introduisit l'enseignement du grec dans les leçons de l'université.

454. *Comment finit Charles VII, l'an 1451 ?* Agé de 58 ans, il se laissa mourir de faim, dans la crainte d'être empoisonné par les agens du dauphin son fils, qui, retiré chez le duc de Bourgogne, se plaignait hautement de ce que son père se laissait conduire par sa maîtresse Agnès Sorel, et par des courtisans.

455. *Qu'a-t-on observé au sujet de Charles VII?* Qu'il avait été malheureux par son père Charles VI,

dont il avait été déshérité, et par son propre fils, le dauphin Louis XI, dont il avait éprouvé la révolte. Sous son règne fut arrêtée à Bourges la pragmatique sanction qui consacrait les usages connus sous le nom de *Libertés de l'Église gallicane*.

SYNCHRONISME. L'an 1452, invention de l'imprimerie à Strasbourg, par Jean Guttemberg de Mayence; 1453, prise de Constantinople par Mahomet II; fin de l'empire d'Orient, ou Bas-Empire.

54.

LOUIS XI.

Règne de 1461 à 1483.

Louis onze, cruel et profond politique,
Fait peser sur les grands son pouvoir despotique.

436. *Quel fut le caractère de Louis XI, fils de Charles VII et son successeur, l'an 1461?* On a regardé ce roi comme le plus cruel et le plus méchant homme de son siècle, et on lui attribue la mort de 4 mille citoyens, par des supplices nouveaux. Cependant il était aimé du peuple à cause de la simplicité de ses mœurs et de sa popularité.

437. *Quel nom donna-t-on à la ligue formée, en 1465, par différens princes français contre Louis XI, qui venait de renverser le gouvernement de son père?* Cette ligue, où entrèrent Charles, duc de Berry, frère du roi, le comte de Charolois, le duc de Bretagne, le comte de Dunois, et plusieurs autres seigneurs, prit le nom de *Ligue du bien public*, parce

qu'elle avait pour but la réformation de l'état et le soulagement des peuples.

458. *Comment Louis XI parvint-il à désunir la ligue du bien public ?* Après le combat de Montlhéri, où les confédérés restèrent maîtres du champ de bataille, en 1465, Louis feignit de s'adoucir, et donna à chacun d'eux, par le traité de Conflans, tout ce qu'ils avaient demandé, savoir : la Normandie à son frère, plusieurs places de Picardie au comte de Charolois, le comté d'Etampes au duc de Bretagne, et l'épée de connétable au comte de Saint-Pol.

459. *Avec quelle fidélité Louis XI mit-il à exécution le traité de Conflans ?* Comme, par ce traité, il n'avait tout accordé aux confédérés, que dans l'espoir de tout ressaisir par ses intrigues, il trouva bientôt le prétexte d'enlever la Normandie à son frère, et une partie du duché de Bretagne au duc de ce nom.

460. *Que fit Louis XI, au moment où il s'aperçut que l'inexécution du traité de Conflans allait rallumer une guerre civile ?* Voulant l'éteindre par la ruse, il demanda à Charles-le-Téméraire, duc de Bourgogne, une conférence à Péronne ; dans le même temps il excitait les Liégeois à prendre les armes contre leur prince.

461. *Que fit Charles-le-Téméraire, instruit des manœuvres de Louis XI ?* Ayant accordé à Louis XI, la conférence que celui-ci avait demandée ; il le

retint prisonnier dans le château de Péronne, en 1468, et le força de conclure un traité fort désavantageux, et de marcher à sa suite contre ces mêmes Liégeois qu'il avait soulevés.

462. *Quelle ligue se forma contre Louis XI, l'an 1474 ?* La ligue offensive et défensive projetée par le duc de Bourgogne, auquel s'étaient joints le duc de Bretagne, et Edouard IV, roi d'Angleterre, débarqué en France avec des troupes considérables.

463. *Quel traité firent ensemble, l'an 1477, Edouard IV et Louis XI, plus disposé à négocier qu'à combattre ?* Le traité d'Amiens, confirmé à Pecquigny, où ils arrêtèrent entre eux une trève de 7 ans, et le mariage du dauphin avec la fille du monarque anglais ; Louis s'engagea en outre à payer annuellement jusqu'à la mort de son ennemi une somme de 50 mille écus d'or.

464. *Comment mourut Charles-le-Téméraire dernier duc de Bourgogne ?* Il fut tué en 1477 au siège de Nancy, qu'il voulait enlever au duc de Lorraine ; 5 ans auparavant il avait échoué devant Beauvais que défendait Jeanne Hachette à la tête d'un bataillon de femmes.

465. *Comment la Bourgogne revint-elle sous la domination de Louis, l'an 1477 ?* Par la mort du duc de Bourgogne Charles-le-Téméraire, qui, n'ayant pas laissé de successeurs, donna à Louis XI le droit de reprendre ce duché, ainsi que plusieurs autres pays, anciens domaines de la France.

466. *Pourquoi la Provence fut-elle réunie à la couronne, sous le règne de Louis XI, vers l'an 1476 ?* Parce que Charles IV d'Anjou, comte du Maine, dernier de la branche des comtes de Provence, avait institué Louis XI héritier de tous ses droits sur ce comté.

467. *Avec quel raffinement de cruauté Louis XI fit-il exécuter Jacques d'Armagnac, duc de Nemours, l'an 1477 ?* Il ordonna que les enfans de ce prince malheureux, accusé du crime de lèse-majesté, fussent placés sous l'échafaud, pour y être arrosés du sang de leur père.

468. *Jusqu'à quel point Louis XI, avec son caractère féroce, poussa-t-il la superstition ?* Toujours couvert de reliques et d'images, il portait à son bonnet une Notre-Dame de plomb, lui demandait pardon de ses assassinats, et en commettait toujours de nouveaux.

469. *Quelle fut la fin de Louis XI, l'an 1483 ?* Ce prince regardé comme le Tibère de la France, s'enferma dans le château de Plessis-les-Tours, où il tomba dans une noire mélancolie ; et redoutant sa dernière heure, il s'entoura de médecins, et fit venir de Calabre saint François de Paule, pour que celui-ci lui prolongeât la vie par ses prières ; mais ce saint ne fit que lui annoncer sa mort.

470. *Quelles institutions Louis XI laissa-t-il en France ?* Il institua l'ordre de Saint-Michel, destiné à récompenser toute espèce de mérite, et éta-

blit en 1464 la poste aux lettres, que nous devons, dit-on, à son caractère soupçonneux.

471. *Quels services Louis XI rendit-il à la France malgré sa cruauté?* Il favorisa l'exploitation des mines, fit venir d'Italie un grand nombre d'ouvriers pour fabriquer des étoffes d'or et de soie, et les exempta d'impôts; le commerce fut l'objet de sa bienveillance et de soif attention particulière, et il introduisit l'imprimerie en 1470, en faisant venir de Mayence à Paris des imprimeurs qui formèrent leur premier établissement à la Sorbonne.

472. *Quels titres Louis XI reçut-il?* Il fut le premier roi de France qui reçut le titre de *majesté*, et celui de *roi très chrétien*, qu'il justifia peu par sa conduite et sa superstition.

SYNCHRONISMES. *L'an 1479, réunion de la Castille et de l'Aragon par le mariage de Ferdinand-le-Catholique avec Isabelle de Castille. Origine de la grandeur de l'Espagne. — Premières universités d'Allemagne.*

55.

CHARLES VIII, L'AFFABLE.

Règne de 1483 à 1498.

Charles huit en six mois perd Naples et Florence;
Poursuivi par Gonzalve, il regagne la France.

473. *Par qui la France fut-elle gouvernée pendant la minorité de Charles VIII, en 1483?* Comme Charles VIII n'avait que 13 ans, lorsqu'il succéda à son père Louis XI, le royaume fut sa-

gement gouverné par sa sœur aînée, Anne de Beaujeu, que Louis XI avait désignée comme régente, au préjudice de la reine-mère, Charlotte de Savoie.

474. *Quels troubles s'élevèrent pendant la régence?* Louis, duc d'Orléans, premier prince du sang, qui prétendait à la régence, le duc de Bretagne et plusieurs seigneurs se révoltèrent ouvertement contre Anne de Beaujeu; mais la bataille de Saint-Aubin où le duc d'Orléans (depuis Louis XII) fut fait prisonnier par la Trémouille, en 1488, mit fin à tous les débats et décida du sort de la Bretagne.

475. *Par quel moyen Charles VIII devint-il maître de la Bretagne, l'an 1491?* Par son mariage avec Anne de Bretagne, en dépit de Maximilien, depuis empereur, qui, ayant fait élever en France sa fille Marguerite, l'avait fiancée avec Charles.

476. *Comment l'empereur Maximilien, père de Marguerite d'Autriche, vengea-t-il l'affront que Charles VIII lui avait fait en refusant la main de sa fille?* Il lui déclara une guerre, que la France ne put terminer qu'en cédant à l'empereur le comté d'Artois et la Franche-Comté en 1493.

477. *Quels motifs déterminèrent Charles VIII à faire la conquête du royaume de Naples?* Il avait des droits sur ce royaume par Charles d'Anjou, frère de saint Louis; et Naples était au pouvoir de la maison d'Aragon, qui en avait dépossédé

les descendans du prince français. Voyant la France tranquille, il se laissa tenter par l'appât d'une conquête, et se disposa à faire valoir ses droits.

478. *Quel succès eut Charles VIII en Italie, dans la guerre de Naples ?* Il conquit ce royaume avec une rapidité extraordinaire, l'an 1495, mais il perdit en moins de six mois tout le fruit de cette brillante expédition.

479. *Pourquoi Charles VIII abandonna-t-il la conquête du royaume de Naples ?* Parce que le pape Clément VI, les Vénitiens, Sforce duc de Milan, Isabelle de Castille et Ferdinand d'Aragon, jaloux de ses succès rapides en Italie, se liguèrent contre lui pour le forcer à en sortir.

480. *Quel fameux combat eut à soutenir Charles VIII, en quittant l'Italie ?* Celui de Fornoue, village près de Plaisance, où l'armée des confédérés, forte d'environ 40 mille hommes, fut battue par Charles, qui n'en comptait que 8 mille. Malgré cette victoire, les Français furent chassés de l'Italie par *Gonzalve de Cordoue*, qui commandait les Espagnols.

481. *Comment finit Charles VIII après son retour en France, l'an 1498 ?* Pendant qu'il songeait à y faire fleurir les arts et la paix, il mourut frappé d'apoplexie, au château d'Amboise, à 27 ans, sans laisser d'enfans pour lui succéder.

SYNCHRONISMES. *L'an 1492, Christophe Colomb, Génois au service d'Isabelle et de Ferdinand, roi d'Espagne, découvre l'Amé-*

rique. En 1497, Améric Vespuce, négociant florentin, découvre une partie du continent du Nouveau-Monde et lui donne son nom.

56.

LOUIS XII, LE PÈRE DU PEUPLE.

Règne de 1498 à 1515.

Louis douze, nommé le père des Français,
Fit la guerre à Venise, à Naples, au Milanais.

482. *Comment Louis XII, surnommé le Juste et le Père du Peuple, parvint-il au trône, après la mort de Charles VIII, l'an 1498?* En sa qualité de premier prince du sang, étant fils de Charles, duc d'Orléans, cousin-germain de Louis XI, et arrière-petit-fils de Charles V.

483. *De quelle manière la Bretagne fut-elle tout-à-fait acquise à la France sous Louis XII?* La Bretagne fut réunie définitivement à la France par le mariage de ce roi avec Anne de Bretagne, veuve de Charles VIII, son prédécesseur.

484. *Combien de guerres Louis XII eut-il à soutenir en Italie?* Louis XII en eut à soutenir trois principales : la 1re à Milan pour faire valoir les droits qu'il avait sur ce duché par Valentine de Milan, sa grand'mère, la seule héritière du Milanais; la 2e à Naples, pour partager cet état avec Ferdinand-le-Catholique; la 3e dans les états de Venise, conjointement avec la ligue de Cambrai, pour s'opposer aux envahissemens de cette république.

485. *De quels princes se composait la ligue de*

Cambrai, formée en 1508, contre les Vénitiens, quand Louis XII en fit partie ? Elle se composait du pape Jules II, de l'empereur Maximilien et de Ferdinand-le-Catholique, roi d'Espagne.

486. *Quel succès eut Louis XII dans ses trois guerres en Italie ?* 1.º En moins de 20 jours, l'an 1499, il enleva le Milanais à Ludovic Sforce, qui mourut, 11 ans après, prisonnier en France; mais il le perdit dans la suite; 2.º il conquit Naples de concert avec Ferdinand-le-Catholique; mais il fut obligé de le lui céder, malgré les efforts de Bayard, qui ne put résister à Gonzalve de Cordoue, général de Ferdinand; 3.º il défit les Vénitiens à Agnadel, en 1509, et s'empara de tout ce que Venise possédait sur le continent; mais la jalousie de l'empereur et celle du pape Jules II le forcèrent à suspendre les hostilités.

487. *A quelle nouvelle ligue cette jalousie donna-t-elle lieu ?* A la ligue dite de la Sainte-Union, dans laquelle le pape Jules II fit entrer Henri VIII, roi d'Angleterre, Ferdinand, roi d'Espagne, les Suisses et les Vénitiens contre Louis XII, qui lui-même fut excommunié, et dont le royaume fut mis en interdit.

488. *Que fit Louis XII, lorsqu'il apprit que le pape Jules II l'avait excommunié ?* Il fit continuer la guerre par Gaston de Foix, son neveu, qui gagna la fameuse bataille de Ravenne où il fut tué en 1512, pendant que l'illustre Bayard, surnommé le Chevalier sans peur et sans reproche, s'y distin-

guait par sa valeur. En perdant son neveu, le roi perdit aussi le Milanais, que les Suisses rendirent à Maximilien Sforce, fils de Ludovic.

489. *Pourquoi Louis XII fit-il retirer ses troupes d'Italie?* Parce qu'il se voyait obligé de résister en même temps à Maximilien Ier, à Henri VIII, roi d'Angleterre, à Ferdinand, roi d'Espagne, et aux Suisses qui se disposaient à l'attaquer de tous les côtés à-la-fois.

490. *Comment finirent les hostilités entre Louis XII et les confédérés?* Après avoir été mis en déroute près de Guinegate, à la journée dite des *Eperons*, où Bayard fut fait prisonnier, Louis XII vint à bout de négocier une paix honorable dont une des conditions fut son mariage avec Marie, sœur de Henri VIII.

491. *Quels nouveaux projets forma Louis XII, après s'être arrangé avec l'Allemagne, l'Angleterre, l'Espagne et la Suisse?* Il pensait à recommencer la guerre en Italie; mais au grand regret de ses sujets, il fut surpris par la mort en 1515, le premier jour de janvier, 3 mois après son mariage avec la sœur de Henri VIII. En lui commença et finit la branche des Capétiens, dite d'Orléans.

492. *Qu'est-ce qui mérita à Louis XII le glorieux surnom de* Père *du peuple?* Ce furent le zèle qu'il mit pour soulager ses sujets, et la clémence avec laquelle il sut oublier les injures qui

lui avaient été faites quand il n'était que duc d'Orléans : «Ce n'est point, disait-il, au roi de France à venger les querelles du duc d'Orléans. »

493. *Que disait Louis XII, pour justifier son économie ?* «J'aime mieux voir les courtisans rire de mon avarice que de voir mon peuple pleurer de mes dépenses. »

494. *Quel ministre habile se montra digne de partager les travaux et la gloire de Louis XII ?* Ce fut le cardinal Georges d'Amboise, archevêque de Rouen et légat en France ; laborieux, doux, humain et généreux, il sut plaire à-la-fois à son souverain et au peuple, et mourut regretté de toute la France, le 25 mai 1510, âgé de 50 ans.

Synchronisme. *L'an 1498, Vasco de Gama, Portugais, découvre la route maritime aux Indes.*

XVIe SIÈCLE DE L'ÈRE CHRÉTIENNE.

DEPUIS L'AN 1500 JUSQU'A L'AN 1600.

57.

FRANÇOIS Ier, LE PÈRE DES LETTRES.

Règne de 1515 à 1547.

Vainqueur à Marignan, prisonnier à Pavie,
En quinze cent, François aux lettres rend la vie ;
Sous son règne, l'Église, où Léon dix domine,
De Luther, de Calvin voit naître la doctrine.

495. *De quel droit François Ier, gendre de Louis*

XII, parvint-il au trône, l'an 1515? François 1er parvint au trône en sa qualité de premier prince du sang, étant fils de Charles d'Orléans, comte d'Angoulême, et arrière-petit-fils de Louis, duc d'Orléans, assassiné, sous le règne de Charles VI, par Jean-sans-Peur, duc de Bourgogne.

496. *A quoi doit-on attribuer la célébrité du règne de François Ier?* 1° Aux guerres que ce prince eut avec Charles-Quint; 2° à la protection particulière qu'il accorda aux lettres; 3° au schisme qu'introduisirent dans l'Eglise catholique les doctrines de Luther et de Calvin.

497. *Par quelle victoire François Ier se distingua-t-il la première année de son règne?* Par la victoire qu'il remporta à la bataille de Marignan, contre les Suisses ligués avec l'empereur Maximilien, le roi Ferdinand-le-Catholique et le pape Léon X, pour lui défendre l'entrée du Milanais. Cette bataille, appelée aussi la *bataille des Géans*, rendit François Ier maître de Milan, que les Suisses avaient enlevé à Louis XII, à la bataille de Ravennes, deux ans auparavant.

498. *Quelle cérémonie eut lieu dans le camp de Marignan, après la bataille?* Le roi, qui, pendant tout le combat, avait eu à ses côtés le fameux Bayard, voulut être armé chevalier de la main de ce héros, suivant l'usage de l'ancienne chevalerie.

499. *Quel traité firent ensemble François Ier et le pape Léon X?* Ils signèrent un concordat, par le-

quel le roi obtint la nomination des bénéfices, et le pape s'en réserva les annates, c'est-à-dire le revenu de la première année.

500. *Quelle fut la cause des guerres continuelles qui eurent lieu entre François Ier et Charles-Quint, successeur de Ferdinand-le-Catholique?* Ce fut la rivalité qui exista entre ces deux princes depuis la mort de l'empereur Maximilien Ier, en 1519.

Charles-Quint, petit-fils de l'empereur, et François Ier briguèrent ensemble la couronne de l'empire; mais les électeurs s'étant déclarés pour Charles-Quint, François Ier ne pardonna jamais cette préférence à son rival.

501. *Quelle fut l'issue de la guerre que François Ier eut à soutenir contre Charles-Quint, en 1524?* Une nouvelle coalition s'était formée contre la France entre l'empereur, les princes d'Italie et le connétable de Bourbon, prince français qui combattait contre son pays. François Ier fut battu à Rébec, où périt Bayard, et il perdit le Milanais en 1524.

502. *Que dit Bayard au connétable de Bourbon qui, l'ayant trouvé près d'expirer sous un arbre, plaignait son sort?* « Ce n'est pas moi qu'il faut plaindre, mais vous, qui portez les armes contre votre roi, votre patrie et votre serment. »

503. *Quel fut le résultat de la guerre que François Ier fit à Charles-Quint pour reprendre le Milanais, l'an 1525?* François Ier fut blessé et fait pri-

sonnier à Pavie, et de là conduit à Madrid; il supporta avec résignation les mauvais traitemens que Charles-Quint lui fit endurer pendant un an. C'est après la bataille de Pavie qu'il écrivit à sa mère : *Tout est perdu, madame, hors l'honneur.*

504. *Comment François Ier, au bout d'un an, recouvra-t-il sa liberté ?* Par un traité onéreux, signé à Madrid le 21 janvier 1526, dans lequel il renonçait à ses prétentions sur Naples, le Milanais, Gênes et Ast; à sa souveraineté sur la Flandre et l'Artois, sans pouvoir obtenir la liberté de ses deux fils, qu'il fut obligé de laisser en otage, et qu'il racheta ensuite moyennant 2 millions d'or; il s'engageait en outre à rétablir le connétable de Bourbon dans tous ses biens.

505. *Quelles furent les suites du traité de Madrid ?* François Ier ne pouvant remplir les engagemens qu'il avait contractés, attendu que les états généraux s'opposaient au démembrement du royaume, les hostilités recommencèrent.

506. *Par quel traité, la paix entre François Ier et Charles Quint fut elle conclue, l'an 1529 ?* Par le traité de Cambrai, d'après lequel François Ier renonça à toutes ses prétentions sur la Lombardie, en épousant Éléonore, veuve du roi de Portugal et sœur de l'empereur Charles-Quint; mais cette paix, qui dura 6 ans, fut suivie d'une guerre de 3 ans, après laquelle les deux souverains conclurent à Nice, en 1538, une trève de 10 ans.

507. *Comment se conduisit Charles-Quint avant que la trêve qu'il avait faite à Nice avec François Ier fut expirée?* Profitant de cette trêve, il traversa la France pour aller châtier les Gantais révoltés, et promit à François Ier l'investiture du Milanais pour un de ses enfans; mais, dès qu'il fut chez lui, il se rétracta et se ligua avec Henri VIII contre la France.

508. *Quel fut le succès de la guerre entre Charles-Quint, ligué avec Henri VIII, et François Ier, ligué avec Gustave Wasa et Barberousse, l'an 1544?* Charles-Quint était déjà à Soissons, et Henri VIII à Boulogne, lorsque les princes d'Allemagne qui avaient embrassé le luthéranisme déclarèrent la guerre à Charles-Quint. Celui-ci, obligé de marcher contre eux, n'hésita pas de faire à Crépy une paix assez favorable à la France, et qui mit fin aux évènemens militaires de ce règne.

509. *Quelle fut l'origine du luthéranisme et du calvinisme, l'an 1517?* Le pape Léon X, ami des beaux-arts, voulut exécuter le projet conçu par son prédécesseur, Jules II, d'élever la magnifique église de Saint-Pierre à Rome. N'ayant pas les fonds nécessaires à cette entreprise, il invita les fidèles à y concourir, et pour les récompenser de leur zèle, il ouvrit le trésor des indulgences et les fit prêcher par les dominicains. Les augustins, qui regardaient cette mission comme un privilège de leur ordre, remirent à Luther,

jeune moine de leur compagnie, le soin de les venger. Celui-ci, après avoir décrié les indulgences, qu'il fit envisager comme un honteux trafic, attaqua les dogmes de la religion et enseigna une nouvelle doctrine, qu'embrassèrent bientôt plusieurs princes d'Allemagne, ainsi que le Danemark et la Suisse.

Quinze ans après, Calvin, du diocèse de Noyon, prétendant perfectionner les doctrines de Luther, institua une autre communion et répandit ses erreurs à Genève et dans une partie de la Suisse.

510. *Quelles furent les suites funestes de cette réformation?* Ces deux communions trouvèrent des partisans et des adversaires ardens et nombreux. La division d'opinions s'établit d'abord dans les familles, et pénétra dans les états, où elle devint une source sanglante de discordes. L'horrible exécution de Cabrières et de Mérindol en Provence donna le signal des guerres civiles.

511. *Où et à quel âge mourut François Ier?* Il mourut en 1547, à Rambouillet, âgé de 53 ans, après en avoir régné 32.

512. *Par quelles qualités François Ier s'est-il particulièrement distingué?* Par son amour pour les lettres, par la protection qu'il accorda aux savans, par les bienfaits dont il les combla, et par la fondation qu'il fit du collège de France et de la bibliothèque royale.

9

513. Quels sont les monumens qui attestent encore aujourd'hui la magnificence de François 1er? Ce sont les palais de Fontainebleau, de Saint-Germain-en-Laye, de Chambord, de Madrid au bois de Boulogne et de Villers-Cotterets. Le Louvre fut augmenté sous son règne.

SYNCHRONISMES. *L'an 1519, premier voyage autour du monde par Ferdinand Magellan, Portugais au service de l'Espagne ; 1523, Gustave Wasa, fondateur de la liberté suédoise ; 1532 : Henri VIII, roi d'Angleterre, se sépare du saint-siège et se fait déclarer chef suprême de l'Eglise anglicane ; 1540, l'ordre des Jésuites, fondé par Ignace de Loyola, est confirmé par le pape Paul III.*

58.

HENRI II.

Règne de 1547 à 1559.

Henri second à Metz voit briller ses exploits,
Succombe à Saint-Quentin et meurt dans un tournoi.

514. Par quoi la quatrième année du règne de Henri II est-elle remarquable? Par la ligue que firent entre eux Henri II, Maurice, électeur de Saxe, et Albert, marquis de Brandebourg, pour défendre la liberté germanique contre l'empereur Charles-Quint.

515. Quels exploits fit Henri II dans la ligue germanique, l'an 1552? Il marcha contre les troupes de Charles-Quint, et prit Toul, Metz et Verdun, qui depuis lors sont restées à la France, pour prix de la liberté qu'elle avait assurée à l'Allemagne.

516. *Quels succès eurent les Français lorsque Charles-Quint reparut devant Metz avec une armée de 100 mille hommes?* Le duc de Guise, secondé par toute la haute noblesse de France, défendit si vaillamment cette ville, que l'empereur fut obligé de se retirer.

517. *Quelle nouvelle guerre eut à soutenir Henri II, après que Charles-Quint eut abdiqué l'empire, l'an 1557?* Philippe II, fils de Charles-Quint, uni avec l'Angleterre, marcha en Picardie avec 40 mille hommes, commandés par le plus fameux guerrier de ce temps, Emmanuel-Philibert, duc de Savoie, et gagna la fameuse bataille de *Saint Quentin*, où l'infanterie française fut entièrement détruite.

518. *Comment les Français vengèrent ils, l'année suivante, la terrible défaite qu'ils avaient essuyée à Saint-Quentin?* Le duc de Guise, rappelé d'Italie, assembla une armée, et rassura le royaume, surtout par la prise de Calais, dont les Anglais étaient en possession depuis plus de 200 ans.

519. *Quelles furent les principales conditions de la paix appelée* malheureuse *entre la France, l'Angleterre et la Savoie, l'an 1559?* Tout fut rendue de part et d'autre, soit en Italie, soit en France, excepté les trois villes de Metz, Toul et Verdun, que l'empire avait toujours la liberté de redemander à la France, et Calais, que l'Angleterre ne lui céda que pour 8 ans.

9.

520. *Quels mariages furent conclus par ce traité, signé à Cateau-Cambrésis?* Le mariage d'Elisabeth, fille de Henri II, avec Philippe II, roi d'Espagne, et celui de sa sœur Marguerite avec le duc de Savoie.

521. *Comment les fêtes que Henri II donna à l'occasion du mariage de Marguerite, sa sœur furent-elles funestes à la France, l'an 1559?* Henri, à l'occasion d'un tournoi qu'il avait ordonné dans la rue Saint-Antoine, fut blessé à mort en joutant contre Gabriel, comte de Montgommery, capitaine de la garde écossaise.

522. *Combien d'enfans laissa Henri II, mort dans la 41e année de son âge, et la 13e de son règne?* Il laissa de Catherine de Médicis 4 fils, tous morts sans postérité, savoir : François II, Charles IX et Henri III qui lui succédèrent l'un après l'autre; et François, duc d'Alençon, qui fut créé ensuite duc de Brabant.

523. *Qu'a-t-on reproché particulièrement à Henri II?* On a reproché à Henri II son indolence pour les affaires, sa prodigalité, son goût pour les plaisirs et sa passion pour Diane de Poitiers, qu'il fit duchesse de Valentinois, et qui devint le premier mobile de tout ce qui se passait dans le gouvernement.

524. *Que devinrent la religion et la littérature sous le règne de Henri II?* On peut remarquer que la religion protestante et surtout le calvinisme fit en France de rapides progrès, malgré les édits que

Henri II lança contre les hérétiques; et que, le goût de la bonne littérature se corrompant insensiblement, au lieu d'ouvrages solides et moraux, on ne vit plus paraître que de mauvaises poésies et des romans.

SYNCHRONISME. L'an 1556, Elisabeth, fille d'Henri VIII et de Anne de Boulen, règne en Angleterre.

59.

FRANÇOIS II.

Règne de 1559 à 1560.

Aux Guises François deux laisse un pouvoir trop grand,
Contre eux bientôt se forme un parti protestant.

525. *Quel mariage contracta François II, fils de Catherine de Médicis et de Henri II, auquel il succéda, l'an 1559?* Ce prince, âgé de 16 ans, avant de monter sur le trône, épousa Marie Stuart, fille unique de Jacques V, roi d'Ecosse.

526. *A qui François II, dès qu'il commença à régner, confia-t-il le gouvernement de l'état?* A François, duc de Guise, et au cardinal de Lorraine, oncles de sa femme, qui se servirent de leur pouvoir plus pour satisfaire leur ambition que pour rendre la France heureuse.

527. *Quels troubles occasiona l'administration du duc de Guise et de son frère, le cardinal de Lorraine?* Antoine de Bourbon roi de Navarre, et Louis, son frère, prince de Condé, irrités de voir que deux étrangers tinssent le roi en tutelle, réso-

lurent de secouer le joug; et, d'intelligence avec les principaux seigneurs, tels que les Montmorency, les Châtillon, ils se joignirent aux calvinistes, disposés à détruire les Guises, qui étaient les protecteurs déclarés des catholiques.

528. *Quel fut le résultat de la conspiration d'Amboise, conduite particulièrement par le prince de Condé contre les Guises, l'an 1560?* Ayant été découverte à temps, cette conspiration ne fit qu'augmenter le pouvoir des Guises, qui firent défendre aux calvinistes de tenir désormais des assemblées, et créèrent dans chaque parlement une chambre appelée *ardente*, destinée à connaître de la conduite, ainsi que de l'opinion des calvinistes.

529. *Quel fut le sort du prince de Condé après l'établissement de la chambre ardente?* Il fut arrêté et condamné à perdre la vie. Il allait être livré entre les mains du bourreau, lorsque la mort de François II, arrivée le 5 décembre 1560, changea la face des affaires. Elle sauva le prince et laissa la France en proie à des factions qui ensanglantèrent le règne suivant.

530. *Que devint Marie Stuart après la mort de son époux, François II?* Catherine de Médicis, ayant repris toute l'autorité, Marie Stuart s'aperçut bientôt qu'elle n'était plus reine qu'en Écosse; elle y retourna et périt depuis sur l'échafaud, victime de la jalousie d'Élisabeth, reine d'Angleterre.

60.

CHARLES IX.

Règne de 1560 à 1574.

Du parti protestant implacable ennemi,
Charles neuf ordonna la Saint-Barthélemi ;
Et vit le sang français inonder tour-à-tour
Vassi, Dreux, Saint Denis, Jarnac et Montcontour.

531. *Qui était Charles IX, monté sur le trône à l'âge de 10 ans et demi, l'an 1560 ?* Il était fils de Henri II et de Catherine de Médicis, et frère de François II, auquel il succéda.

532. *Quelle démarche fit Catherine de Médicis, au commencement de sa régence, pour concilier les catholiques et les protestans ?* Elle convoqua le *colloque de Poissy*, qui n'eut que des conséquences funestes, parce que les catholiques, se croyant lésés, eurent recours aux armes.

533. *A quelle occasion la guerre civile éclata-t-elle en France, l'an 1562 ?* Les protestans, assemblés à Vassi, petite ville sur la frontière de la Champagne, étaient paisiblement occupés aux exercices de leur religion ; les gens de François, duc de Guise, prirent querelle avec eux, et passant des injures aux coups, ils les massacrèrent indistinctement, sans en épargner un seul. Ce fut le signal de la guerre civile. Les protestans irrités usent de représailles : ils s'emparent d'Orléans, où le duc François de Guise est assassiné par Poltrot, et de plusieurs autres places. Ce fut en cette occasion qu'on vit rivaliser de cruauté le

fameux baron Beaumont des Adrets, du côté des calvinistes, et Blaise de Montluc du côté des catholiques.

534. *Quelle réponse le duc François de Guise fit-il à un gentilhomme normand, qui s'était glissé dans son camp pour l'assassiner au siège de Rouen ?* Ce gentilhomme ayant avoué que le pur intérêt de sa religion l'avait porté à cet attentat : «Eh bien ! répartit Guise, si ta religion t'oblige d'ôter la vie à un homme qui, de ton aveu, ne t'a jamais offensé, la mienne m'ordonne de te pardonner : juge par là quelle est la meilleure. »

535. *Quelles furent les 4 batailles principales que les catholiques livrèrent aux calvinistes révoltés, sous Charles IX ?* Ce furent : 1° Celle de *Dreux,* l'an 1562, gagnée par le duc de Guise, quoiqu'il ne commandât qu'en second, et où furent faits prisonniers le prince de Condé par les catholiques et le connétable Anne de Montmorency par les huguenots.

2° Celle de *Saint-Denis,* l'an 1567, gagnée sur les catholiques par le connétable de Montmorency âgé d'environ 80 ans, qui y fut blessé à mort ;

3° Celle de *Jarnac,* l'an 1569, gagnée par Henri, duc d'Anjou, frère du roi, où le prince de Condé fut tué par Montesquiou, capitaine des gardes du duc d'Anjou ;

4° Celle de *Montcontour,* gagnée 5 mois après par le même Henri sur l'amiral de Coligny.

536. *Comment finit en 1570, la guerre sanglante*

des catholiques contre les protestans? Par la paix dite *la boiteuse* ou *mal assise,* dont le traité fut signé à Saint-Germain-en Laye en 1570. Ce fut pour paraître cimenter cette paix simulée, que Charles IX donna en mariage sa sœur, Marguerite de Valois, au jeune Henri de Bourbon, roi de Navarre, depuis Henri IV, qui avait embrassé la religion protestante.

537. *Quel horrible projet Catherine de Médicis formait-elle au milieu des fêtes qui eurent lieu à l'occasion du mariage de Henri de Navarre avec Marguerite de Valois?* Celui de se débarrasser des protestans en les faisant massacrer tous en même temps dans toute la France; c'est pourquoi, profitant du mécontentement que ceux-ci manifestèrent quand l'amiral de Coligny fut blessé après sa reconciliation avec les Guises, elle assembla son conseil, où il fut arrêté que, pendant la nuit du 24 août 1572, veille de la Saint-Barthélemi, tous les protestans, en commençant par l'amiral de Coligny, et sans distinction de rang, d'âge ni de sexe, seraient massacrés à Paris et dans toutes les villes du royaume.

538. *Cet arrêt barbare fut-il exécuté fidèlement dans toutes les provinces?* Non, quelques gouverneurs, tels que ceux de Provence, de Dauphiné, de Bourgogne, de Lyon, et entre autres l'évêque de Lisieux et le vicomte d'Orthez refusèrent d'exécuter ces ordres sanguinaires, supposant que de

pareils ordres ne pouvaient émaner de la libre volonté du roi.

539. *Combien de protestans furent victimes de la fureur des catholiques, la nuit de la Saint-Barthélemi?* On en porte le nombre à 5 mille dans Paris, et à environ 30 mille dans les provinces.

540. *Quel effet produisit sur les protestans le massacre de la Saint-Barthélemi?* Ne respirant plus que la vengeance et animés par la fureur du fanatisme, ils se fortifièrent dans Montauban et surtout à la Rochelle, dont le siège coûta dans la suite beaucoup de sang à la France.

541. *Comment Charles IX mourut-il, l'an 1574?* Rongé de remords et se repentant souvent d'avoir laissé un pouvoir trop étendu dans les mains d'hommes violens et féroces, il ne survécut que deux ans à l'horrible massacre de la Saint-Barthélemi.

542. *Qu'a-t-on observé au sujet du règne de Charles IX?* Que ce fut sous ce règne sanguinaire que parurent nos lois les plus sages et nos ordonnances les plus salutaires, par les soins de l'immortel chancelier Michel de l'Hospital.

Ce fut aussi sous ce règne que, par une ordonnance de Charles IX, le commencement de l'année fut fixé au 1er janvier. Auparavant l'année commençait la veille de Pâques.

543. *Quel monument remarquable nous reste-t-il du règne de Charles IX?* Le palais des Tuileries,

que fit construire Catherine de Médicis en 1564, sur les plans de Jean Bullan et de Philibert Delorme. Ce palais fut ainsi nommé, parce que l'on fabriquait de la tuile à l'endroit où il fut bâti.

61.

HENRI III.

Règne de 1574 à 1589.

Henri trois de Pologne en France est ramené,
Redoute les ligueurs et meurt assassiné.

544. *Où était Henri III, lorsqu'il fut appelé au trône de France après la mort de Charles IX, son frère, décédé sans enfans, l'an 1574?* Il était en Pologne, où la réputation qu'il s'était acquise en France dès l'âge de 18 ans par les victoires de Jarnac et de Montcontour avait décidé les Polonais à le prendre pour leur roi, après la mort de Sigismond-Auguste, l'an 1572.

545. *Que fit d'abord Henri III à son avènement à la couronne de France?* Il combattit avec succès à Dormans une partie des hugenots; mais ceux-ci, étant devenus plus puissans dans la suite, l'obligèrent de consentir à la paix de Nérac, et de leur accorder l'exercice public de leur religion.

546. *Quel effet produisit l'édit de pacification publié par Henri III en faveur des calvinistes, l'an 1580?* Cet édit révolta les catholiques, qui craignaient que le calvanisme ne devînt la religion dominante en France. Leur zèle inconsidéré donna lieu à la formation de trois partis et à la guerre civile dite *des trois Henri.*

547. *Quels étaient les 3 partis, dont 3 Henri furent les chefs?* Le parti des *Ligueurs,* qui avait pour chef Henri, duc de Guise; celui des *huguenots,* conduits par Henri, roi de Navarre, depuis Henri IV, héritier de la couronne de France par la mort de François, duc d'Alençon; et le parti du roi *Henri III,* qu'on appela le parti des *politiques* ou des *royalistes.*

548. *Que fit Henri III, intimidé par les succès du parti appelé Sainte-Ligue, dont le pape et le roi d'Espagne étaient devenus l'appui, l'an 1585,* Il se mit lui-même à la tête de la *Sainte-Ligue* dans l'espérance de s'en rendre maître; et s'étant uni avec le duc de Guise contre le roi de Navarre il révoqua par un édit tous les privilèges accordés aux protestans.

549. *Comment les protestans, conduits par le roi de Navarre et le prince de Condé, défendirent-ils leurs privilèges, l'an 1587?* Le roi de Navarre défit à Coutras, en Guyenne, la puissante armée que Henri III y avait envoyée sous le commandement de Joyeuse, son favori, et, après sa victoire, il offrit la paix, mais elle fut refusée.

550. *Quels avantages remporta le duc de Guise dans la guerre contre le roi de Navarre?* Il battit à Vimori et à Anneau les Allemands et les Suisses, qui allaient renforcer l'armée des protestans; après

quoi il s'approcha de la capitale, où il fut reçu comme le sauveur de la nation.

551: *Que fit Henri III, devenu jaloux des succès du duc de Guise et craignant tout de son ambition, l'an 1588?* Il lui ordonna de ne pas entrer à Paris; mais le sujet rebelle y pénétra au mépris des ordres de son souverain, et secondé par le peuple, il en chassa les troupes du roi dans la journée dite des *barricades*.

552. *Que fit Henri III, voyant le duc de Guise maître de la capitale, l'an 1588?* Il se retira à Chartres, et de là à Rouen, où Catherine de Médicis, sa mère, lui fit signer un édit de réunion très humiliant pour la royauté.

553. *De quelle manière perfide Henri III parvint-il à se défaire, l'an 1588, du duc de Guise, qui lui devenait de jour en jour plus odieux?* Il se rendit à Blois, où il affecta des vues pacifiques, et convoqua les états-généraux, en y attirant le duc de Guise, ainsi que son frère, le cardinal de Lorraine; et, après avoir fait semblant de se réconcilier sincèrement avec eux, il les fit assassiner tous les deux.

554. *Quel effet produisit l'an 1589, l'assassinat des deux Guise?* Le duc de Mayenne, leur plus jeune frère, connu par son courage, fut déclaré lieutenant-général de l'*état royal* et de la *couronne de France* par le conseil de l'Union, et par la faction dite des *Seize,* qui s'était formée au sein même

de la capitale, et dont le but avait été de détrôner Henri III et de donner sa couronne au duc de Guise.

555. *Quel parti Henri III prit-il, se voyant détrôné par la Ligue et ensuite assiégé dans Tours par le duc de Mayenne?* Il eut recours à Henri, roi de Navarre, son vainqueur, qui eut la générosité de venir conférer avec lui, n'ayant d'autre compagnie que celle d'un page, et qui bientôt fit lever le siège au duc de Mayenne.

556. *Que firent les deux rois Henri III et Henri de Navarre, après avoir repoussé à Tours le duc de Mayenne?* Ils vinrent mettre le siège devant Paris, où ils trouvèrent très peu de résistance, parce que le parti de la Ligue y était sans appui.

557. *Quel horrible attentat les ligueurs commirent-ils sur la personne de Henri III, l'an 1589?* Ils le firent assassiner à Saint-Cloud par un frère dominicain, nommé Jacques Clément, à qui son prieur, Bourgoing, avait promis le ciel pour récompense de cette action.

558. *Qu'y a-t-il particulièrement à observer au sujet de la mort de Henri III?* C'est que sa mort mit fin à la branche des Valois, qui avait régné 261 ans et avait donné 13 rois à la France.

559. *Quel ordre de chevalerie Henri III institua-t-il?* Il institua l'ordre du Saint-Esprit, en mémoire de ce qu'il avait été élu roi de Pologne et

appelé au trône de France le jour de la Pentecôte. Les catholiques seuls étaient admis dans cet ordre et avaient droit d'en porter les insignes, qui consistaient en une croix suspendue à un large cordon bleu.

SYNCHRONISMES. L'an 1582, réforme du calendrier par le pape Grégoire XIII, adopté par tous les états catholiques. En 1587, Elisabeth fait décapiter Marie Stuart après l'avoir retenue dix-huit ans captive.

BRANCHE DES BOURBONS.

62.

HENRI IV, LE GRAND.
Règne de 1589 à 1610.

Henri quatre le Grand, digne de gouverner,
« Calma les factions, sut vaincre et pardonner,
« Confondit et Mayenne et la Ligue et l'Ibère,
« Et fut de ses sujets le vainqueur et le père. »

560. *De quel droit Henri IV succéda-t-il à son beau-frère Henri III, l'an 1589?* Henri IV succéda à son beau-frère Henri III comme son parent le plus proche en ligne directe, étant issu de Robert, comte de Clermont, 5e fils de saint Louis.

561. *Quels obstacles Henri IV rencontra-t-il à son avènement au trône?* Son droit à la couronne

lui fit disputé sous prétexte qu'il était protestant, mais réellement parce que le duc de Mayenne, chef de la ligue, aspirait au souverain pouvoir : aussi le roi se vit-il dans la nécessité de conquérir son propre état.

562. *Que fit Mayenne pour cacher son ambition et conserver le pouvoir ?* Il obtint du parlement de Paris, le 21 novembre 1589, un arrêt qui proclamait roi, sous le nom de Charles X, le cardinal de Bourbon, oncle paternel de Henri IV, et se fit donner la lieutenance générale du royaume.

563. *Quel combat Henri IV, avant de s'établir sur le trône, livra-t-il aux ligueurs, conduits par le duc de Mayenne ?* Après avoir été forcé d'abandonner le siège de Paris, commencé par Henri III, il se retira sous les murs de Dieppe, où il attaqua Mayenne, qui s'était mis à sa poursuite, et le défit complètement à Arques.

564. *Quel avantage signalé remporta Henri IV sur les troupes espagnoles, attirées en France par le duc de Mayenne ?* Il était occupé à faire le siège de Dreux, lorsque Mayenne, jaloux de réparer la défaite qu'il avait essuyée à Arques, vint, à la tête de 16 mille Espagnols, lui présenter la bataille. Le roi accepta ; et, avec 12 mille hommes seulement, il les défit complètement dans les plaines d'Ivry, le 14 mars 1590. Canons, drapeaux, bagages, tout devint la proie du vainqueur, et Mayenne fut

obligé de prendre la fuite, après avoir perdu les trois quarts de son armée.

565. *Quelles paroles mémorables Henri IV prononça-t-il à la bataille d'Ivry ?* « *Enfans*, dit-il à ses soldats avant la bataille, *si vous perdez vos enseignes, ralliez-vous à mon panache blanc, vous le verrez toujours au chemin de l'honneur et de la gloire ;* » et, après la défaite des ligueurs, comme on poursuivait les fuyards : « *Sauvez les Français,* » s'écria-t-il.

566. *Quelles furent les suites de cette victoire ?* Cet avantage étendit la réputation du roi et attira une multitude de soldats sous ses drapeaux ; il se vit par là en état de reparaître avantageusement devant Paris, qu'il aurait pu facilement prendre d'assaut ; mais il préféra forcer cette ville par un blocus.

567. *A quelle extrémité Paris se trouva-t-il réduit, quand Henri IV eut interrompu toute communication avec cette ville ?* Au bout d'un mois de blocus, Paris éprouva toutes les horreurs de la famine. Les habitans furent réduits à faire avec des os de morts une espèce de pain, appelé *pain de madame de Montpensier :* on vit même des femmes se nourrir de la chair de leurs enfans.

568. *Quelle preuve de bonté Henri IV donna-t-il dans cette occasion ?* Il permit aux assiégés de laisser sortir de la ville les bouches inutiles, et à ses officiers de faire parvenir des vivres à leurs amis ;

mais [illegible] prolongea le siége, et permit aux ligueurs d'attendre les secours que Mayenne était allé demander au duc de Parme, général espagnol.

569. *Quel parallèle a-t-on fait entre la manière guerrière de Henri IV et celle de Mayenne?* Pour exprimer l'activité de l'un et la mollesse de l'autre, on a dit, que Henri restait moins long-temps au lit que Mayenne ne restait à table.

570. *Quelle circonstance consola Henri IV, que le duc de Parme avait forcé d'abandonner le blocus de Paris?* Ce fut la division qui se mit entre Mayenne et la faction des Seize. Ceux-ci, voulant ériger la France en république, conspirèrent contre Mayenne, qui aspirait en secret à la royauté; mais Mayenne, instruit du complot, fit exécuter les plus mutins, et abattit ainsi cette faction, l'ennemie jurée de Henri IV.

571. *Que fit le duc de Mayenne, à qui la politique astucieuse de l'Espagne avait toujours fait attendre sans succès la couronne de France?* Désespérant de l'obtenir pour lui-même, il résolut de la faire passer sur la tête de celui à qui elle appartenait de droit, et engagea les deux partis à une conférence, dont le résultat fut l'abjuration de Henri IV à Saint-Denis, le 25 juillet 1593, et son sacre à Chartres, le 27 février 1594.

572. *Quel parti prirent enfin les Parisiens, dont la ville continuait toujours d'être assiégée?* Ils en

ouvrirent les portes à Henri IV, qui, après avoir renvoyé tous les étrangers et pardonné à tous les ligueurs, alla souper de bonne grâce à l'hôtel-de-ville, en signe de réconciliation.

593. *Que dit Henri IV avant de se mettre à table à l'hôtel-de-ville ?* En regardant ses pieds, il ajouta avec beaucoup de gaîté : « Je me suis bien crotté en venant à Paris ; mais du moins je n'ai pas perdu mes pas. »

594. *Quelle guerre étrangère Henri IV eut-il à soutenir après avoir conquis ses propres états ?* Philippe II, roi d'Espagne, soutenait encore les débris de la ligue, Henri IV marche contre les Espagnols en 1595, les culbute à Fontaine-Française, et l'année suivante les force d'évacuer Amiens, dont ils s'étaient emparés par ruse. La paix, conclue à Vervins, le 2 mai 1598, termina à-la-fois et les guerres de la ligue et celle que le roi faisait à l'Espagne.

595. *Par quel édit Henri IV acheva-t-il de calmer les troubles de la France ?* Les protestans, qui craignaient d'être inquiétés, ne dissimulaient point leur mécontentement. Le roi les calma par le fameux édit de Nantes, donné en 1598, et qui leur assura, outre la liberté de conscience qui leur était déjà accordée, l'exercice public de leur religion dans plusieurs villes, la faculté de posséder toute espèce de charges, avec des places de sûreté pour 8 ans et des pensions pour leurs ministres.

576. *Que fit Henri IV, après avoir rétabli la tranquillité au-dedans et au-dehors ?* Secondé par le vertueux Sully, son ami et son ministre, il s'occupa pendant douze ans à réparer les maux de la guerre civile et à faire le bonheur de ses sujets, disant familièrement qu'il voulait mettre les paysans en état d'avoir une poule au pot tous les dimanches.

577. *Comment Sully contribua-t-il à la gloire de Henri IV ?* Par son courage, sa prudence et sa fermeté. Aussi habile capitaine que sage administrateur, il se distingua aux batailles de Coutras, d'Arques et d'Ivry. Il trouva le moyen, tout en diminuant les impôts, de payer en dix ans 200 millions de dettes et d'économiser une somme de 40 millions.

578. *Dans quels emplois Sully servit-il sa patrie et son roi ?* Il fut successivement grand-voyer, surintendant des finances, grand-maître de l'artillerie, gouverneur de la Bastille, surintendant des fortifications et grand-maître des ports et havres de France.

579. *Quelle preuve de fermeté Sully donna-t-il à son roi, lorsque celui-ci lui montra la promesse de mariage qu'il avait signée à la marquise de Verneuil, l'une de ses maîtresses ?* Il prit le papier, et, pour toute réponse, le déchira. « Comment, morbleu ! s'écria le roi en colère, je crois que vous êtes fou. » — Oui, sire, je suis fou, répondit froidement Sully ; mais je voudrais l'être tout seul en France. »

580. *Comment mourut Henri IV, le 14 mai 1610 ?* Après avoir échappé aux tentatives criminelles de Barrière en 1593, et de Jean Châtel en 1594, il tomba, à l'âge de 58 ans, sous le fer d'un fanatique, nommé Ravaillac : cet assassin profita du moment où le carrosse du roi était arrêté, rue de la Ferronnerie, par un embarras de voitures, pour se précipiter sur l'infortuné monarque, qu'il perça de deux coups de couteau.

581. *Quelle sensation produisit à Paris et dans la France la mort de Henri IV ?* Quelques vieux ligueurs, remplis de haine contre lui, éprouvèrent un sentiment de joie ; mais, en échange, tous les bons Français furent pénétrés de douleur : quelques-uns même, tels que de Vic, gouverneur de Paris, en moururent de chagrin.

582. *Quelles vertus les Français regrettèrent-ils surtout dans Henri IV ?* Son discernement dans le choix des personnes qu'il employait ; son courage, qui lui faisait mépriser tous les dangers ; son amour pour les lettres, qui le portait à protéger les savans ; son véritable attachement pour le peuple, dont il méditait toujours le bonheur ; enfin sa grandeur d'âme, qui lui fit pardonner à ses ennemis.

583. *Que répondit Henri IV à ceux qui l'exhortaient à traiter avec rigueur quelques places de la*

Ligue, qu'il avait réduites par la force? « La satisfaction qu'on tire de la vengeance ne dure qu'un moment ; mais celle qu'on tire de la clémence est éternelle. »

584. *Quel fut le seul acte de rigueur que Henri IV exerça malgré la bonté naturelle de son cœur?* Il fit décapiter avec une sévérité inflexible son confident et son favori, le maréchal de Biron, convaincu d'avoir entretenu des liaisons secrètes avec la Savoie et l'Espagne ; encore eût-il été tout disposé à lui pardonner, si le maréchal eût fait l'aveu de son crime ; mais Biron ne voulut rien avouer.

585. *Combien d'enfans Henri IV laissa-t-il de son mariage avec Marie de Médicis?* Il laissa 3 fils et 3 filles.

Ses 3 fils furent *Louis*, qui lui succéda sous le nom de Louis XIII ; un *second*, qui mourut fort jeune ; et le duc d'*Orléans*.

Les 3 filles furent *Elisabeth*, épouse de Philippe IV, roi d'Espagne ; *Christine*, épouse de Victor-Amédée, duc de Savoie, et *Henriette-Marie*, épouse de Charles Ier, roi d'Angleterre.

586. *A quels monumens Henri IV donna-t-il ses soins?* Il fit construire le Pont-Neuf, la longue galerie du Louvre et la façade de l'hôtel-de-ville.

XVIIe SIÈCLE DE L'ÈRE CHRÉTIENNE.

DEPUIS L'AN 1600 JUSQU'A L'AN 1700.

63.

LOUIS XIII, LE JUSTE.

Règne de 1610 à 1643.

Louis treize renverse un rempart hérétique.
Et règne dominé par un grand politique.

587. *Comment Louis XIII, âgé de 9 ans, fils et successeur de Henri IV, commença-t-il à régner, l'an 1610?* Sous la régence de Marie de Médicis, sa mère, qui excita d'abord l'indignation des grands par ses prodigalités et par la faveur qu'elle accordait à Concini, Italien, depuis maréchal d'Ancre.

588. *De quelle manière éclatèrent les premiers troubles occasionés par la régence de Marie de Médicis, l'an 1614?* Le prince de Condé, le duc de Longueville, le duc de Mayenne, le maréchal de Bouillon et d'autres seigneurs, se retirèrent de la cour, et prirent les armes, protestant hautement qu'ils voulaient tirer le roi de la tutelle tyrannique exercée par le maréchal d'Ancre.

589. *Par quels moyens le jeune roi Louis XIII parvint-il à apaiser les troubles de sa régence?* Indigné de se voir sous la dépendance de Concini, il suivit les conseils de Luynes, son confident, et

ordonna de faire arrêter le maréchal, qui, ayant voulu résister aux ordres du roi, fut assassiné sur le pont du Louvre.

590. *Quels troubles occasiona en France la mort de Concini?* Elle fit naître deux partis, celui du roi et celui de la reine, qui n'auraient jamais été réconciliés sans la sagacité et l'adresse de l'évêque de Luçon, depuis cardinal de Richelieu.

591. *Quel parti Richelieu tira-t-il de cette réconciliation?* Par la faveur de la reine-mère, il prit place au conseil des ministres, et dès-lors il travailla sans relâche à dompter les calvinistes, à abaisser l'orgueil des grands et à renverser la puissance de la maison d'Autriche.

592. *Comment finit la guerre que Louis XIII fit, en 1621, aux huguenots, qui, ayant mis à leur tête le prince de Rohan et le duc de Soubise, étaient soutenus par l'Angleterre?* Cette guerre se termina, en 1628, par la prise de la Rochelle, suivie d'un édit de pacification.

593. *A quoi dut-on la reddition de la Rochelle, dont le siège dura un an et coûta 40 millions?* À une digue de 500 pieds de long, que le cardinal de Richelieu fit construire dans l'Océan, et qui ferma le port de la ville aux Anglais.

594. *Quels moyens sévères employa le cardinal de Richelieu, pour inspirer de la crainte aux grands?* Il en fit décapiter plusieurs d'un très grand nom, tels que Montmorency, qui fut condamné à Tou-

louse, pour s'être joint au duc d'Orléans; Cinq-Mars et de Thou, qui montèrent sur l'échafaud, pour avoir traité avec l'Espagne contre les intérêts du roi.

595. *Quelle était la puissance de la maison d'Autriche, que Richelieu se proposait d'abattre?* Une des branches de cette maison occupait le trône impérial avec celui de Bohême et de Hongrie; une autre joignait à l'Espagne entière le Portugal, les Pays-Bas catholiques, la Franche-Comté, la plus grande partie de l'Italie et de vastes possessions en Amérique.

596. *Comment Richelieu parvint-il à abattre cette puissance qui dominait sur la moitié de l'Europe?* Il se coalisa avec les Hollandais; les princes luthériens d'Allemagne et le fameux Gustave-Adolphe, roi de Suède, et attaqua ainsi la puissance autrichienne de tous les côtés à-la-fois; la France, il est vrai, s'épuisa d'hommes et d'argent dans ces guerres; mais l'Allemagne fut couvertes de ruines, et l'Espagne perdit le Portugal, qui devint une contrée indépendante. Gustave-Adolphe eut des succès prodigieux et mourut en héros à la bataille de Lutzen.

597. *Qu'entend-on par la journée des Dupes?* Le cardinal de Richelieu, qui avait toujours dominé le roi, se vit, en 1630, au moment de perdre son pouvoir par les intrigues de la reine-mère Marie de Médicis, et de tous les courtisans; mais au moment où l'on y comptait le moins, il reprit sur l'esprit du roi son ascendant, qu'il conserva tou-

jours depuis. Cette révolution de cour fut appelée *la journée des Dupes.*

598. *Comment finit le cardinal de Richelieu, l'an 1642 ?* Après avoir été 18 ans à la tête du ministère, et avoir formé le cardinal Mazarin, qui lui succéda dans le maniement des affaires, il mourut, âgé de 57 ans, l'an 1642, 5 mois après Marie de Médicis, qui, exilée à Cologne, y termina ses jours dans un état voisin de l'indigence.

599. *Quelle opinion doit-on avoir du cardinal de Richelieu comme politique ?* L'ambition du cardinal de Richelieu, son despotisme, le faste de sa maison, qui seule absorbait 4 millions par an, sa jalousie et la cruauté avec laquelle il exerça ses vengeances, ne peuvent effacer la gloire de ses grandes entreprises.

Il fut un des plus grands politiques et des plus vastes génies que la France ait eus jusqu'alors ; il affermit le trône ébranlé par les factions, abaissa les grands, enleva le Roussillon et la Catalogne à l'Espagne, diminua la puissance de la maison d'Autriche, rendit la France respectable au-dehors et florissante au-dedans, et prépara en quelque sorte les merveilles du règne de Louis XIV.

600. *Combien de temps Louis XIII survécut-il à la perte de son ministre le cardinal de Richelieu ?* Il mourut un an après lui, laissant deux enfans que lui donna Anne d'Autriche après 22 ans de stéri-

lité ; ce sont : Louis XIV, qui lui succéda, et Philippe de France, duc d'Orléans.

601. *Quelles sont les institutions et les établissemens les plus remarquables du règne de Louis XIII?* Ce sont 1° le Jardin des Plantes, établi à Paris en 1634 ; 2° la fixation du 1er méridien à l'île de Fer, en 1634 ; 3° la fondation de l'Académie française par Richelieu, 1635 ; 4° l'établissement de l'Imprimerie royale, par Richelieu, 1642 ; 5° le rétablissement de la Sorbonne, qui renferme aujourd'hui le tombeau de Richelieu.

602. *Quels sont les principaux monumens qui furent élevés sous le règne de Louis XIII?* Ce sont 1° le palais du Luxembourg, bâti en 1615, par Marie de Médicis, 2° l'aqueduc d'Arcueil commencé par cette princesse ; 3° la statue équestre de Henri IV, placée sur le Pont-Neuf le 23 août 1614 ; 4° la statue équestre de Louis XIII, placée aux frais de Richelieu, le 27 septembre 1639 sur la Place Royale ; 5° le Palais-Royal, appelé auparavant palais Cardinal, bâti par Richelieu.

64.

LOUIS XIV, LE GRAND.
Règne de 1643 à 1715.

Louis-le-Grand son fils surpasse ses aïeux,
Son règne est le plus long et le plus glorieux.

603. *Comment Louis XIV, fils et successeur de Louis XIII, commença-t-il à régner, l'an 1643 ?* Louis XIV, devenu roi de France à l'âge de 5 ans, régna jusqu'à sa majorité sous la régence d'Anne d'Autriche sa mère, qui confia tout le soin des affaires au cardinal Mazarin.

604. *Quelles victoires signalèrent l'avènement de Louis XIV au trône de France ?* Celles de Rocroy, de Fribourg, de Nordlingue, où fut tué le brave Mercy, général bavarois ; et de Lens, que le duc d'Enghien, nommé depuis le grand Condé, remporta, à l'âge de 21 ans, sur les Espagnols et les impériaux.

605. *De quel traité furent suivies les victoires du grand Condé ?* De celui de Munster ou de Westphalie : ce traité, signé en 1648, entre le roi de France, l'empereur Ferdinand III, Christine, reine de Suède, et les états de l'empire, assura à la France l'Alsace, Metz, Toul et Verdun.

606. *Quels troubles civils eurent lieu en France pendant la minorité de Louis XIV ?* Les troubles connus sous le nom de *guerre de la Fronde,* qu'excitèrent les gens du parlement soutenus par le cardinal de Retz, les princes de Condé, de Conti, les ducs de Beaufort, de Bouillon, de la Rochefoucauld et la duchesse de Longueville, tous ennemis jurés du cardinal Mazarin.

607. *Quel parti prirent Turenne et Condé dans cette circonstance?* Ils passèrent en Espagne; Turenne rentra bientôt dans le devoir; mais Condé offrit ses services aux Espagnols, qui, espérant profiter des troubles de la France, n'avaient pas voulu souscrire au traité de Munster.

608. *Comment se termina la guerre entre la France et l'Espagne?* Les Espagnols sous la conduite de Condé, après avoir été forcés de lever le siège d'Arras et avoir été battus à la journée des Dunes par Turenne, signèrent, en 1659, le traité des Pyrénées, qui donna à la France le Roussillon, l'Artois et une partie de la Flandre, du Hainaut et du duché de Luxembourg.

609. *Par quoi la paix des Pyrénées fut-elle cimentée?* Par l'amnistie accordée au prince de Condé et par le mariage de Louis XIV, le 9 juin 1660, avec l'infante Marie-Thérèse, qui renonça à ses droits sur le trône d'Espagne.

610. *Quel fut l'événement le plus remarquable de la guerre de la Fronde?* Ce fut la bataille du faubourg Saint-Antoine, entre Turenne, qui commandait l'armée royale, et Condé à la tête des frondeurs; Turenne eût remporté une victoire complète, si mademoiselle de Montpensier, fille du duc d'Orléans, n'eût fait tirer le canon de la

Bastille sur les troupes du roi. Ce fut à ce sujet que Mazarin dit, en faisant allusion au désir que mademoiselle montrait d'épouser le roi ou quelque autre tête couronnée : *Ce coup de canon a tué son mari.*

611. *Quel fut le résultat de la guerre de la Fronde ?* Le cardinal Mazarin, après avoir été obligé de se retirer deux fois, finit par triompher de ses ennemis et par gouverner la France jusqu'à sa mort, l'an 1661.

612. *Que fit Louis XIV en commençant à régner par lui-même, après la mort du cardinal Mazarin, l'an 1661 ?* Il mit à la tête des finances le fameux Colbert, que le cardinal, avant de mourir, avait recommandé au roi comme le seul homme d'une application infatigable, d'une fidélité à toute épreuve, et d'une capacité supérieure dans les affaires, en disant : «Sire, je vous dois tout ; mais je crois m'acquitter en quelque sorte envers votre majesté en vous donnant Colbert. »

613. *Quel fut le premier soin de Colbert, après qu'il eut remplacé Fouquet, à la chute duquel il avait beaucoup contribué ?* Il employa tous ses talens à rétablir l'ordre dans les finances ; il y réussit non moins qu'à immortaliser le règne de son roi par des réglemens sages et utiles.

614. *Comment Colbert s'illustra-t-il dans son ministère ?* Par les récompenses qu'il fit accorder aux savans nationaux et étrangers, les encourage-

mens qu'il donna à un grand nombre de manufactures, la création de la marine française, la construction du fameux canal du Languedoc, et l'établissement des académies des sciences, de peinture et de sculpture.

615. *Quelle satisfaction exigea Louis XIV de l'ambassadeur d'Espagne en Angleterre, l'an 1662?* Ce ministre ayant prétendu le pas sur l'ambassadeur de France, fut forcé de protester que jamais son maître ne le prétendrait à l'avenir.

616. *Quel démêlé eut Louis XIV avec le pape Alexandre VII, l'an 1664?* Le roi demanda satisfaction au pape de l'insulte que les troupes corses avaient faites au duc de Créqui, ambassadeur de France à Rome; et il ne se désista de ses prétentions que lorsque le pontife eut envoyé en France son neveu le cardinal Chigi, pour faire des excuses.

617. *Comment Louis XIV vengea-t-il les infidélités de la république d'Alger envers la France, l'an 1683?* Il fit bombarder Alger, jusqu'à ce que les habitans eussent imploré la clémence du roi, et rendu à la liberté 800 prisonniers traités comme esclaves.

618. *Quelle satisfaction le roi tira-t-il des Génois, qui avaient vendu de la poudre et des galères à ses ennemis, l'an 1684?* Il fit jeter une grande quantité de bombes dans la ville de Gênes, qui, pour fléchir le roi, se vit forcée d'envoyer en

France le doge avec 4 sénateurs, pour faire des excuses au nom de la république.

619. Quelles furent les 4 guerres principales qu'eut à soutenir Louis XIV pendant son règne? Les 4 guerres principales que Louis XIV eut à soutenir, sont : 1° la guerre qu'il fit à l'Espagne; 2° celle contre les Hollandais, soutenus depuis par l'empereur, le roi d'Espagne et d'autres princes; 3° celle contre l'empire, auquel se joignirent l'Espagne, l'Angleterre et la Hollande ; 4° enfin la guerre dite *de la succession* contre la maison d'Autriche, qui eut pour alliés l'Angleterre, la Savoie, la Hollande et le Portugal.

620. Quel sujet eut le roi de faire la guerre à l'Espagne, l'an 1667? Après la mort de Philippe IV, son beau-père, Louis voulut faire valoir les droits que la reine, son épouse, avait sur l'Espagne, ainsi que sur les Pays-Bas, et prit en peu de temps Tournay, Courtrai, Douai, Oudenarde, Lille et la Franche-Comté.

621. A qui le roi dut-il particulièrement ses conquêtes rapides dans les Pays-Bas, l'an 1667? Il les dut non moins à la valeur de Turenne qu'aux sages dispositions financières du ministre Louvois.

622. Comment finit la guerre que Louis XIV fit à l'Espagne dans les Pays-Bas, l'an 1668? Elle finit par le traité d'Aix-la-Chapelle, qui laissa la France en possession de tout ce qu'elle avait conquis dans les Pays-Bas, et la priva seulement de la Franche-Comté.

623. *Que fit Louis XIV après la guerre d'Espagne?* Il fit construire l'Observatoire, l'hôtel des Invalides, et mit sur pied une armée de 400 mille hommes.

624. *Pourquoi Louis XIV fit-il la guerre aux Hollandais, l'an 1674?* Parce que cette nation, que le roi avait toujours favorisée, osa faire contre lui avec les Anglais et les Suédois, un traité sous le nom de *triple alliance.*

625. *Que fit Louis XIV pour punir les Hollandais du traité de la* triple alliance? Il entra dans leur pays à la tête de 60 mille hommes, s'empara de plusieurs villes, et aurait poussé ses conquêtes jusqu'à Amsterdam, si les habitans n'eussent employé la triste ressource de lâcher leurs écluses.

626. *Quelles victoires remarquables les Français remportèrent-ils sur les Hollandais?* Le duc de Vivonne, secondé par Duquesne, gagna deux batailles contre Ruyter, amiral hollandais; et Philippe, duc d'Orléans, gagna contre le prince d'Orange la bataille de Cassel.

627. *Comment finit la guerre contre les Hollandais soutenus par l'empire et l'Espagne, l'an 1678?* Elle finit par la paix de *Nimègue,* qui, en accordant aux Hollandais tout ce qu'ils avaient perdu, mit la France en possession de la Franche-Comté et d'une partie de la Flandre espagnole. Ce fut alors que Louis XIV, au comble de sa gloire et

l'arbitre de l'Europe, reçut de son peuple le surnom de *grand*, que la postérité lui a confirmé.

628. *Quelle perte la France eut-elle à regretter dans la guerre de l'an 1675?* Celle du fameux maréchal de Turenne, atteint par un boulet de canon, près de Salzbach, au moment où, occupé à observer et à suivre tous les mouvemens de son digne adversaire, le célèbre Montecuculli, général des impériaux, il allait choisir une place pour dresser des batteries.

629. *Qu'arriva-t-il après la mort de Colbert, en 1683?* Depuis cette époque, le règne de Louis XIV fut aussi désastreux que le commencement en avait été heureux et brillant. Les finances étaient en mauvais état; Turenne, Condé et Créqui n'existaient plus; et pour comble de malheurs, le roi révoqua l'édit de Nantes.

630. *Quelles furent les suites de la révocation de l'édit de Nantes, en 1685?* Près de 80 mille familles, en 3 ans de temps, sortirent du royaume, et portèrent chez les étrangers les arts, les manufactures et les trésors de la France, et surtout leur mécontentement.

631. *Quelle fut la cause de la guerre que Louis XIV fit à l'empire, l'an 1688?* Ce fut la ligue d'Augsbourg, formée contre la France par l'empereur, le roi d'Espagne, la Savoie, la Bavière, l'électeur de Brandebourg et le prince d'Orange, qui était l'âme de cette ligue et voulait la faire servir

à chasser le roi Jacques II, son beau-frère, du trône de la Grande-Bretagne, pour s'y placer lui-même.

632. *Quels furent les principaux évènemens de cette guerre?* Les principaux évènemens de la guerre contre l'empire furent : la prise de *Philisbourg* par le dauphin, en 1688; celle de *Namur* par le roi; les batailles de *Fleurus* en 1690 ; de *Steinkerque* en 1692, et de *Nerwinde* en 1693, gagnées par le maréchal de Luxembourg; celles de *Staffarde* et de la *Marsaille*, gagnées par le maréchal de Catinat, et la funeste bataille navale de la *Hogue*, perdue par l'amiral Tourville, qui, l'année précédente, avait battu les flottes d'Angleterre et de Hollande.

633. *Comment finit la guerre de la ligue d'Augsbourg, l'an 1697?* Par le traité de *Ryswick*, qui accorda à Louis XIV tout ce qu'il possédait en-deçà du Rhin, à condition qu'il reconnaîtrait le prince d'Orange pour roi d'Angleterre, et qu'il rendrait aux Espagnols ce qui avait été pris sur eux depuis le traité de Nimègue.

634. *Quelle fut la cause de la guerre dite de la succession, qu'eut à soutenir Louis XIV contre la maison d'Autriche et contre ses alliés, l'an 1701?* Ce fut le testament de Charles II, roi d'Espagne, qui, mort sans successeur, en 1700, appelait à la couronne Philippe de France, duc d'Anjou, second fils du dauphin, et petit-fils de Louis XIV.

635. *Comment le testament de Charles II devint-il le sujet d'une guerre pour la France?* Le duc d'An-

jou alla prendre possession du trône sous le nom de Philippe V, et ce fut à son départ que Louis XIV, son aïeul, lui dit ses paroles : *Il n'y a plus de Pyrénées*; mais l'empereur, qui voulait faire tomber cette couronne sur la tête de l'archiduc Charles son fils, commença les hostilités, et se ligua contre la France avec la république de Hollande et d'Angleterre, qui mirent ensuite dans leurs intérêts la Savoie et le roi de Portugal.

636. *Quelles furent les batailles malheureuses pour la France dans la guerre de la succession?* Les batailles malheureuses pour la France dans la guerre de la succession furent : la bataille de *Hochstet* en Allemagne, en 1704, où les alliés, commandés par le prince Eugène de Savoie et par le duc de Marlborough, taillèrent en pièces l'armée française, conduite par Taillard et Marchin; celle de *Ramillies*, près de Namur, où le maréchal de Villeroy fut complétement défait en 1706; et celle de *Malplaquet*, en Flandre, où le maréchal de Villars, après avoir fait des prodiges de valeur et avoir été blessé, fut forcé de céder le champ de bataille au prince Eugène et au duc de Marlborough, en 1709.

637. *Comment le maréchal de Villars sauva-t-il la France sur le point d'être envahie par le prince Eugène?* Il força le camp des ennemis à Denain, fit lever le siège de Landrecies, prit Douai, le Quesnoi et Bouchain.

638. *Que se passait-il en Espagne pendant ce temps?* Philippe V, forcé par les Anglais d'aban-

donner sa capitale, où l'archiduc Charles venait d'être proclamé roi, était sur le point de perdre sa couronne, lorsque le duc de Vendôme, seul secours qu'avait pu lui envoyer Louis XIV, battit complètement les Anglais, en 1710, à Villa-Viciosa, et par cette victoire, affermit la couronne d'Espagne sur la tête de Philippe V, qui, à cette bataille même, avait fait des prodiges de valeur.

639. *Comment finit la guerre de la succession d'Espagne, l'an 1713?* Par une paix générale, signée à *Utrecht* entre la France, l'Espagne, l'Angleterre, la Savoie, le Portugal, la Prusse et la Hollande. La paix avec l'empereur fut signée l'année suivante à *Rastadt.* Par ce double traité Louis XIV conserva Landau, Strasbourg et toute l'Alsace.

640. *Quels sujets de douleur eut Louis XIV depuis l'an 1711?* Il vit périr en moins de 4 ans une grande partie de sa famille, savoir : le dauphin, son fils ; le duc de Bourgogne, son petit-fils ; la duchesse de Bourgogne ; le duc de Berry, troisième frère du 1er dauphin ; deux jeunes dauphins, fils du duc de Bourgogne, sans compter plusieurs princes des autres branches de la famille royale.

641. *Comment finit Louis XIV, l'an 1715?* Ce prince, qui avait commencé à régner avec tant d'éclat et de bonheur, mais qui, dans sa vieillesse, fut accablé de douleur et de chagrin, finit ses

jours à l'âge de 77 ans, après en avoir régné 73. Il avait, dit-on, contracté, en 1685, un mariage secret avec la veuve du poète Scarron, madame de Maintenon, qui avait pris sur lui un grand ascendant.

642. *Qu'a-t-on particulièrement admiré du règne de Louis XIV ?* On a admiré dans son gouvernement une conduite ferme, noble et suivie, quoique trop absolue; dans sa cour le modèle de la politesse, du bon goût et de la grandeur; et dans sa libéralité, le desir d'encourager les talens et de récompenser le mérite; c'est à lui que nous devons l'ordre militaire de Saint-Louis, créé en 1693, et dont il décora tous les officiers qui s'étaient distingués.

643. *Quels monumens nous reste-t-il encore de la magnificence de Louis XIV ?* L'hôtel des Invalides, la place Vendôme, le palais de Versailles, ceux du grand et du petit Trianon, celui de Marly et celui de Meudon.

644. *Quels sont les principaux personnages célèbres qui ont illustré le règne de Louis XIV ?* «Louis XIV, dit l'abbé Maury, eut à la tête de ses armées Turenne, Condé, Luxembourg, Catinat, Créqui, Boufflers, Montesquiou, Vendôme et Dillars; Châteaurenaud, Duquesne, Tourville, Cuguay-Trouin, commandaient ses escadres; Volbert, Louvois, Torcy, étaient appelés à ses conseils; Bossuet, Bourdaloue, Massillon lui an-

nonçaient ses devoirs ; son premier sénat avait Molé et Lamoignon pour chefs, Talon et d'Aguesseau pour organes ; Vauban fortifiait ses citadelles ; Riquet creusait ses canaux ; Perrault et Mansard construisaient ses palais ; Puget, Girardon, Le Poussin, Lesueur et Le Brun les embellissaient ; Lenôtre dessinait ses jardins ; Corneille, Racine, Molière, Quinault, Lafontaine, La Bruyère, Boileau éclairaient sa raison et amusaient ses loisirs ; Montausier, Bossuet, Beauvilliers, Fénélon, Huet, Fléchier, l'abbé de Fleury élevaient ses enfans. C'est avec cet auguste cortège de génies immortels que Louis XIV, appuyé sur tous ces grands hommes qu'il sut mettre et conserver à leur place, se présente aux regards de la postérité. »

645. *Quels reproches peut-on faire à Louis XIV ?* On lui reproche la vanité qui dirigea une partie de ses actions, ses prodigalités, son goût ruineux pour la guerre, goût qui exposa le royaume aux plus grands dangers.

646. *Quelles paroles Louis XIV, à ses derniers momens, adressa-t-il à son successeur ?* Il avoua lui-même ses fautes dans les instructions pleines de sagesse qu'il adressa au jeune prince son successeur : « J'ai trop aimé la guerre, lui dit-il ; ne m'imitez pas en cela, ni dans les grandes dépenses que j'ai faites ; soulagez vos peuples le plus tôt qu'il vous sera possible, et faites ce que je n'ai pas eu le temps de faire moi-même. »

11.

SYNCHRONISMES. L'an 1649, Charles I.er décapité à Londres par ordre de Cromwell, déclaré protecteur; 1666, incendie de Londres sous Charles II, rétabli sur le trône par le général Monk.

XVIII.e SIÈCLE DE L'ÈRE CHRÉTIENNE.

DEPUIS L'AN 1700 JUSQU'A L'AN 1800.

65.

LOUIS XV.

Règne de 1715 à 1774.

**Louis quinze, à cinq ans sous un régent est roi;
Chasse Law, prend Fleury, combat à Fontenoi.**

647. *Comment Louis XV, âgé de 5 ans et demi parvint-il au trône, l'an 1715?* En sa qualité d'héritier le plus proche, étant arrière-petit-fils de Louis XIV, petit-fils du dauphin de France, et fils du duc de Bourgogne.

648. *Quel prince fut déclaré régent du royaume pendant la minorité de Louis XV?* Philippe d'Orléans, premier prince du sang, qui, en dépit du testament du feu roi, fut reconnu régent absolu en plein parlement, où il déclara « qu'il consentait à avoir les mains liées pour faire du mal, mais qu'il voulait être le maître pour faire du bien. »

649. *Quel monarque vint visiter la France pendant la minorité de Louis XV, l'an 1717?* Pierre-le-Grand, empereur de Russie, qui examina avec

le plus grand détail les manufactures et les monumens remarquables : en s'arrêtant devant le tombeau du cardinal de Richelieu, il s'écria, dit-on : « Grand ministre, que n'es-tu né de mon temps ! je t'aurais donné la moitié de mon empire pour apprendre de toi à gouverner l'autre. »

650. *Quelle subversion générale des fortunes vit-on en France, l'an 1720?* Un aventurier écossais, nommé Jean Law, sous prétexte d'éteindre les 2 milliards de dettes dont la France était chargée, fit établir par le gouvernement une banque dont le papier, remboursé d'une manière illusoire, ruina tous les créanciers de l'état.

651. *A quel fléau la ville de Marseille fut-elle en proie l'an 1720?* A la peste, que l'imprudence des préposés au lazaret laissa pénétrer dans cette ville. 40 mille habitans furent victimes de ce fléau malgré le dévoûment de l'évêque de Marseille, Henri de Belzunce, qui administrait lui-même aux pestiférés les secours spirituels et temporels dont ils avaient besoin.

652. *Quel fut le ministre éclairé que choisit Louis XV, étant majeur, et après avoir épousé Marie Leczinska, fille de Stanislas, roi de Pologne?* Louis XV mit à la tête de son conseil le cardinal de Fleury, qui substitua une sage économie aux profusions de la cour, et se servit de toute son autorité pour faire le bien et réparer les maux passés.

653. *Quels sont les principales guerres que Louis XV eut à soutenir?* Ce furent 1° la guerre contre l'Allemagne en faveur de Stanislas Leczinski, roi de Pologne, en 1733; 2° la guerre contre Marie-Thérèse, à qui l'empereur Charles VI avait laissé ses états en 1640 : cette guerre comprend la campagne de Flandre ; 3o la guerre dite de *Sept-Ans*, en 1755, contre l'Angleterre et la Prusse.

654. *Quels furent les succès de la guerre que Louis XV fit à l'empereur, pour soutenir les droits de Stanislas Leczinski au trône de Pologne?* Le maréchal de Villars, en finissant sa longue et brillante carrière, prit *Milan*, *Tortone* et *Novare* ; le maréchal de Coigny gagna les batailles de Parme et de Plaisance.

655. *Comment se termina, en 1738, la guerre en faveur de Leczinski?* Par le traité de *Vienne*, qui accorda à Stanislas, en dédommagement du trône de Pologne auquel ce prince fut obligé de renoncer, la Lorraine, à condition qu'à sa mort cette province serait irrévocablement réunie à la France.

656. *Quel fut le sujet de la guerre que Louis XV fit, en 1740, à Marie-Thérèse, reine de Hongrie?* Ce fut pour soutenir les prétentions de l'électeur de Bavière, qui, disputant à Marie-Thérèse, fille aînée de l'empereur Charles VI, les états dont elle venait d'hériter à la mort de son père, s'é-

tait fait couronner empereur à Francfort sous le nom de Charles VII.

657. *Comment se distingua le maréchal de Belle-Isle, en* 1742 ? La paix ayant été signée à Breslaw entre Marie-Thérèse et le roi de Prusse, l'armée française se vit réduite à combattre seule dans la Bohême les forces de deux armées réunies. Bientôt elle fut obligée de se jeter dans Prague, où elle fut investie sur-le-champ de toutes parts ; elle n'avait plus qu'à choisir entre la famine et une reddition déshonorante, lorsque le maréchal de Belle-Isle, profitant du froid excessif qui tenait éloignés les cantonnemens des assiégeans, fit sortir pendant la nuit les troupes françaises de la ville, et parvint à les soustraire à la vigilance des ennemis.

658. *Par quoi fut remarquable la campagne de Flandre, que le roi fit en personne, l'an* 1744 ? Par la prise de *Courtrai,* de *Menin* et d'*Ypres,* où brillèrent les talens du maréchal de Saxe, et par la maladie dangereuse que le roi fit à Metz, et qui lui fit donner par ses sujets alarmés le titre flatteur de *Louis le Bien-Aimé.*

659. *Quels furent les succès de Louis XV, rétabli de sa maladie, l'an* 1744 ? Ce furent la prise de *Fribourg,* qui termina les hostilités sur les bords du Rhin ; la bataille de *Fontenoi,* gagnée, en 1745, par le maréchal de Saxe, qui, l'année suivante, se rendit maître de *Bruxelles,* d'*Anvers,* de *Mons,* de *Charleroi* et de *Namur* ; la conquête de *Gand,*

d'*Ostende*, du *Brabant hollandais* ; l'assaut de *Berg-op-Zoom* en 1747, où se distingua particulièrement le comte de Lovendal, et la prise de *Maestrich*, en 1748, par le maréchal de Saxe.

660. *Comment se terminèrent et la guerre contre Marie-Thérèse et celle que Louis XV fit en Hollande ?* La guerre contre Marie-Thérèse se termina à la mort de l'électeur de Bavière, Charles VII, en 1745, par la paix faite entre la Bavière et l'Autriche ; Marie-Thérèse fut reconnue impératrice, et, en faisant couronner son mari, elle plaça la maison de Lorraine sur le trône impérial.

Celle que Louis XV fit en Hollande cessa, en 1748, par le traité d'*Aix-la-Chapelle*, où le roi de France, renonçant à toutes ses conquêtes, assura Parme, Plaisance et Guastalla à don Philippe, son gendre, et le royaume des Deux-Siciles à don Carlos, frère du roi d'Espagne et son parent.

661. *Après la paix d'Aix-la-Chapelle, comment Louis XV dédommagea-t-il les Français des malheurs de la guerre ?* Ami des sciences, des lettres et des arts, il institua plusieurs académies, s'occupa de l'organisation des ponts et chaussées, établit, en 1751, l'école royale militaire du Champ-de-Mars, fit faire à MM. Maupertuis et de La Condamine un voyage, le premier au pôle nord, et le second à l'équateur, pour déterminer d'une manière précise la forme de la terre ; il établit l'instruction gratuite dans les collèges de Pa-

ris, et ordonna la première exposition de peinture, qui depuis s'est faite tous les ans au Louvre. Il posa, en 1764, la première pierre de l'église de Sainte-Geneviève.

662. *Quelle guerre vint troubler le bonheur de la France, l'an 1755?* Ce fut la guerre dite de *Sept-Ans*, que nous firent les Anglais, sans la déclarer, et où ils eurent d'abord quelques succès; mais, l'année suivante, ils furent battus sur mer par le marquis de la Galissonnière, et perdirent Port-Mahon, pris d'assaut par le maréchal de Richelieu.

66. *Quel horrible attentat fut commis contre la persoëe de Louis XV, l'an 1757?* Un scélérat, nomm Damiens, dont l'esprit était aliéné depuis long-temps, frappa le roi d'un coup de couteau au côté droit, comme ce monarque, environné des seigneurs de sa cour, montait en voiture pour se rendre à Trianon.

664. *Quelle défaite essuya l'armée française, déjà maîtresse du duché d'Hanovre?* Elle fut battue par le grand Frédéric, roi de Prusse, à la fameuse journée de *Rosbach*, et par le prince de Brunswich à *Crevelt*, l'an 1758; mais le duc de Broglie vengea la France, l'année suivante, par la victoire complète qu'il remporta sur l'ennemi, à *Bergen*, près de Francfort.

665. *Que fit Louis XV dans cet état de choses?* Sachant que la France ne pouvait se relever seule

de ses pertes, vu le délabrement de la marine, il demanda du secours à l'Espagne, et conclut, en 1761, avec toutes les branches de la maison de Bourbon, un traité connu sous le nom de *pacte de famille*.

666. *Quelle conquête firent les Anglais en dépit du pacte de famille ?* Ils s'emparèrent de presque toutes les îles et possessions que les Français avaient soit en Amérique, soit en Asie, et n'épargnant pas plus les Espagnols, ils leur enlevèrent l'île de Cuba et les Philippines.

667. *Quelle fut la fin de la guerre de Sept-Ans entre la France, alliée de l'Espagne, et l'Angleterre, alliée du roi de Prusse ?* Elle se termina par un traité de paix honteux pour la France, signé à *Paris* avec l'Espagne, l'Angleterre et le Portugal, le 10 février 1763, et à *Hubertsbourg*, en Saxe, 5 jours après, avec le roi de Prusse, l'impératrice Marie - Thérèse et l'électeur de Saxe.

Quelles furent les conséquences de ce traité ? D'après ce traité les Anglais exigèrent la démolition des fortifications et du port de Dunkerque, et gardèrent une grande partie de leurs conquêtes, ne rendant à la France et à l'Espagne qu'un petit nombre de possessions en Amérique et en Asie.

668. *Par quels troubles intérieurs les dernières années du règne de Louis XV furent-elles agitées ?*

Par les démêlés qu'eurent entre eux les jésuites et les membres du parlement de Paris, et qui entraînèrent la ruine des uns et des autres.

La société des jésuites fut abolie en France par arrêt du parlement de Paris en 1764, et le parlement de Paris lui-même fut dissous 7 ans après par le chancelier Maupeou.

669. *Quelle acquisition la France fit-elle sous le règne de Louis XV, l'an 1768 ?* Celle de l'île de Corse, qui fut cédée à la France, le 15 mai 1768, par les Génois, dont elle avait secoué le joug sous la conduite de Pascal Paoli.

670. *Comment finit Louis XV, l'an 1774 ?* Ce roi, qui était à sa mort le plus ancien monarque de l'Europe, fut attaqué pour la seconde fois de la petite-vérole, et succomba à cette maladie affreuse dans la 65e année de son âge, et la 59e de son règne.

671. *Quel fut le caractère de Louis XV ?* Ce prince, né avec un esprit sage et juste, se montra toujours affable, prévenant, humain et indulgent; mais trop livré aux plaisirs, il négligea les affaires et laissa prendre à ses favorites une scandaleuse influence.

672. *Quelles remarques peut-on faire sur le siècle de Louis XV ?* Si le siècle de Louis XIV fut celui des lettres, le siècle de Louis XV fut celui des sciences : les mathématiques, la physique, la chimie, l'astronomie, l'histoire naturelle, la légis-

lation firent des progrès dont les heureux effets se firent sentir dans les arts, dans le commerce et dans l'administration.

673. *Quels sont les principaux personnages qui font honneur au règne de Louis XV?* Parmi la foule des savans qui ont reculé les bornes de l'esprit humain sous le règne de Louis XV, on peut citer d'*Alembert* et *Diderot,* qui publièrent le *Dictionnaire encyclopédique,* regardé comme le dépôt des connaissances humaines de ce temps ; *Vaucanson,* célèbre mécanicien, qui trouva les moyens de faire manufacturer les étoffes à peu de frais ; *Le Roi,* fameux horloger qui disputa à l'Angleterre l'invention d'une pendule propre à suppléer à la connaissance des longitudes sur mer ; *Duhamel,* qui perfectionna l'agriculture ; *Franklin,* qui apprit aux hommes à se garantir des ravages de la foudre ; *Lagrange, Clairault* et *La Caille,* qui ont fait faire d'immenses progrès aux mathématiques ; *Buffon, Linné, Daubenton, Jussieu,* qui ont fait de l'histoire naturelle une science nouvelle ; *Maupertuis* et *La Condamine,* qui travaillèrent à déterminer la forme de la terre ; *Danville* et *Cassini,* qui enrichirent la géographie de leurs recherches ; le citoyen de Genève *J.-J. Rousseau,* qui enseigna dans son *Emile* l'art difficile de développer les facultés physiques, morales et intellectuelles de l'enfance ; enfin l'auteur de la *Henriade, Voltaire,* qui fut à-la-fois philosophe, historien et poète.

SYNCHRONISMES. *L'an 1719, mort de Charles XII, roi de Suède ; 1727, mort de Newton ; 1750, découverte des ruines d'Herculanum ; 1755, Lisbonne détruite par un tremblement de terre.*

66.

LOUIS XVI.

Règne de 1774 à 1793.

Louis seize aux Français donne la liberté,
Gouverne avec douceur et meurt décapité.
Sa mort des factieux enhardit la fureur,
Et bientôt des tyrans règnent par la terreur.

674. *Comment débuta Louis XVI, parvenu au trône en sa qualité de petit-fils de Louis XV, l'an 1774 ?* Par un acte de bienfaisance, il remit au peuple, comme l'avait fait Louis XII, le droit de joyeux avènement, si onéreux pour la nation.

675. *Quel changement remarquable Louis XVI fit-il dans l'état au commencement de son règne ?* Il rétablit dans l'exercice de leurs fonctions les anciens parlemens, exilés par Louis XV, en 1771, sous le ministère du chancelier Maupeou.

676. *Quels réglemens utiles à l'humanité Louis XVI fit-il dans les années 1780 et 1781 ?* Il ordonna la destruction des cachots souterrains, la distinction des prisons en civiles et en criminelles, l'abolition de la question préparatoire, appliquée aux gens soupçonnés de crimes graves ; puis il supprima les corvées et la servitude personnelle dans ses domaines.

677. *Quel fut le motif de la guerre maritime que la France eut à soutenir contre l'Angleterre, depuis*

l'an 1787 jusqu'à l'an 1783? Les colonies anglaises de l'Amérique septentrionale, après s'être déclarées indépendantes du gouvernement britannique, sous le nom d'*Etats-Unis*, proposèrent à la France un traité de commerce qu'elle accepta, mais qui, ayant déplu aux Anglais, occasiona la guerre dite d'*Amérique.*

678. *Quel fut le résultat de la guerre d'Amérique, l'an 1783?* L'Angleterre, combattue valeureusement par ses colonies et par la France, l'Espagne, la Hollande, leurs alliés, fut forcée enfin de reconnaître l'indépendance des *Etats-Unis* d'Amérique.

679. *Quels embellissemens remarquables Paris reçut-il sous le règne de Louis XVI?* L'école de chirurgie, dont le roi posa la première pierre en 1774; une halle superbe pour mettre les grains à l'abri du temps, et le nouveau pont qui porte son nom.

680. *Quelle démarche fit Louis XVI pour rétablir l'ordre dans les finances, l'an 1787?* Après avoir convoqué deux fois sans succès l'assemblée des notables, il suivit le conseil de Necker, ministre des finances, et, le 5 mai 1789, il ouvrit les états-généraux, composés des députés des trois ordres de la nation, savoir : le clergé, la noblesse et le tiers-état ou bourgeoisie.

681. *Quels changemens subit l'assemblée des états-généraux, ouverte à Versailles en 1789?* Elle prit le nom d'*assemblée nationale ou constituante,* et

se transféra à Paris, où elle tint ses séances jusqu'au 1er octobre 1791, et fut remplacée par l'*Assemblée législative*, à laquelle succéda, le 21 septembre 1792, la *Convention nationale*.

ASSEMBLÉE CONSTITUANTE.

Du 5 mai 1789 au 1er octobre 1791.

682. *Qu'arriva-t-il en France après que les états-généraux eurent pris le nom d'Assemblée constituante?* Les débats qui s'élevèrent dans le sein de cette assemblée excitèrent une agitation qui se communiqua bientôt à la multitude, et une insurrection qui eut lieu dans Paris le 14 juillet 1789, fut le signal des excès auxquels le peuple se porta dans la suite. Ce jour-là même, d'où date la *révolution française*, les arsenaux de la capitale furent envahis, les barrières incendiées et la bastille prise d'assaut.

683. *La capitale fut-elle le seul théâtre des désordres causés par l'effervescence du peuple?* Non, tout le royaume se ressentit de cette première commotion; les châteaux furent pillés et incendiés, et bientôt tous les Français furent sous les armes; le roi lui-même ne fut pas respecté; on se porta en foule les 5 et 6 octobre à son château de Versailles, on massacra ses gardes, et on le somma lui-même de se rendre à Paris.

684. *Que firent le roi et sa famille dans cette circonstance?* Pressé de se rendre à Paris, pour y ré-

tablir la tranquillité, Louis XVI céda aux desirs du peuple, et vint se fixer avec sa famille dans la capitale, où il reçut la cocarde tricolore dite *nationale;* mais le comte d'Artois et le prince de Condé sortirent du royaume et donnèrent ainsi le signal de l'*émigration.*

685. *Quels efforts les princes français firent-ils pour soutenir la monarchie?* Le comte d'Artois partit pour Saint-Pétersbourg, où Catherine II le reçut avec distinction et lui promit une armée de 20 mille hommes; le prince de Condé rallia sur les bords du Rhin un grand nombre d'émigrés, et se forma une armée, à laquelle vinrent se réunir Monsieur, depuis Louis XVIII, le duc de Bourbon et le duc d'Enghien, fils du prince de Condé.

686. *Quels furent les principaux décrets de l'assemblée constituante, qui, à l'exemple du roi, vint se fixer à Paris?* Ce furent, en 1789, la suppression de tous priviléges en France, la confiscation des biens du clergé, à qui elle imposa une constitution civile, et la création d'un papier-monnaie, sous le nom d'*assignats;*

En 1790, la division de la France en départemens, la suppression des couvens et de la noblesse;

En 1791, l'établissement du nouveau système des poids et mesures, enfin la liberté des opinions religieuses et celle de la presse.

687. *Quelle fête célébra-t-on à Paris le 14 juillet 1790?* Ce fut la fête dite *de la Fédération,* qui se célébra au Champ-de-Mars; jamais enthou-

siasme ne fut plus grand, jamais spectacle ne fut plus imposant ; les habitans de la capitale, sans distinction d'âge, de rang ni de sexe, coopérèrent à l'envi aux préparatifs de cette fête toute nationale; le roi y parut sur son trône, environné de toute l'élite de la France, et tous jurèrent au pied de l'*Autel de la Patrie* d'être fidèles à la nation, à la loi, au roi et à la nouvelle constitution; enfin, l'harmonie qui régnait entre les nombreux témoins de cette fête semblait annoncer la fin de la révolution ; mais le vertueux Louis XVI n'avait pas encore épuisé la coupe d'amertume qui lui était destinée.

688. *Quelle tentative Louis XVI fit-il le 20 juin 1791 ?* En butte à toute espèce de persécutions, malgré les efforts qu'il faisait pour complaire à l'Assemblée, abreuvé de dégoûts, et craignant même pour ses jours, il tenta de quitter la France avec toute sa famille ; mais il fut arrêté à Varennes et ramené au château des Tuileries, où il fut retenu comme prisonnier, puis suspendu de ses fonctions royales jusqu'à ce qu'il eût accepté la constitution dite de 91, que lui présentait l'Assemblée.

689. *Que devint alors l'Assemblée nationale ou constituante ?* Ne pouvant se résoudre à souscrire au vœu des clubs populaires, qui voulaient qu'elle proclamât la déchéance du roi, elle se hâta d'achever la constitution dont elle s'occupait depuis long-temps, la fit accepter au roi, qui recouvra sa liberté; puis elle se déclara dissoute, et fut remplacée par l'Assemblée législative.

690. *Quel fut le plus célèbre orateur de l'Assemblée constituante?* Ce fut Mirabeau, surnommé le *Démosthènes français*. Député du tiers-état d'Aix à l'Assemblée constituante, il fit prononcer l'inviolabilité des députés ; il demanda la formation des gardes nationales, proposa de nationaliser la dette publique, et se prononça fortement en faveur du *veto* et de la sanction royale. Il possédait toutes les qualités qui, dans un orateur, peuvent contribuer à persuader, à éblouir et à captiver ; c'est ce qui lui assura l'empire de la tribune, d'où il semblait parler à la France entière.

691. *Quand Mirabeau mourut-il, et quels honneurs lui rendit-on après sa mort?* Ce fameux orateur, qui, quelque temps avant sa mort, voulait, dit-on, prêter son appui à la monarchie, qu'il avait ébranlée jusque dans ses fondemens, mourut à l'âge de 42 ans, le 2 avril 1791, regretté de tous les partis ; ses obsèques se firent avec une pompe digne d'un roi ; et ses restes furent déposés au *Panthéon*, où personne n'avait été inhumé avant lui.

ASSEMBLÉE LÉGISLATIVE.

Du 1ᵉʳ octobre 1791 au 21 septembre 1792.

692. *Quels furent les principaux décrets de l'Assemblée législative?* Ce furent les décrets lancés contre les princes, les émigrés et les prêtres non

assermentés, c'est-à-dire qui avaient refusé de prêter serment à la constitution civile du clergé.

Le 1er séquestrait les biens des princes et
déclarait Monsieur déchu de ses droits à la régence, s'il ne revenait pas en France sous 2 mois.

Le 2e prononçait peine de mort contre tout émi-
gré qui ne serait point rentré au 1er janvier 1792.

Enfin le 3e privait de tous ses droits tout prêtre
qui, dans le délai de 8 jours, n'aurait pas prêté le
serment civique.

693. *Quelle fut la cause des troubles du 20 juin et
du 10 août 1792 ?* Le roi avait refusé positivement
sa sanction aux décrets que l'Assemblée venait de
lancer contre les princes, les émigrés et les prêtres ; les *jacobins*, avec ce qu'il y avait de plus factieux dans la populace des faubourgs, tentèrent
d'arracher de lui la sanction qu'il avait refusée.
Cette horde, qui bientôt s'honora du nom de
sans-culottes, assiégea le château des Tuileries le
20 juin. Aux plus cruels outrages le roi opposa
une douceur et une fermeté qui imposèrent à ces
furieux ; mais ils eurent plus de succès, le 10
août, dans une insurrection mieux combinée. Le
château fut forcé ; les Suisses, qui le défendaient,
furent massacrés, et le roi, dans cette journée,
perdit à-la-fois et le trône et la liberté.

694. *Que devint alors le malheureux Louis XVI ?*
Il se retira dans le sein de l'Assemblée législative,
qui décréta la formation d'une convention natio-

nale et le suspendit de ses fonctions ; il fut ensuite envoyé au palais du Luxembourg, et de là dans la prison du Temple. Ainsi s'écroula une monarchie de 14 siècles.

695. *Quelle fut la cause des massacres connus sous le nom de journée du 2 septembre ?* La journée du 10 août avait décidé les puissances étrangères à s'unir aux émigrés pour sauver le monarque français ; le 13 août, le roi de Prusse, allié né de l'Autriche, s'était emparé de Longwy et de Verdun, lorsque les anarchistes songèrent à s'opposer à cette invasion ; mais, avant de marcher contre les ennemis du dehors, ils prirent la féroce résolution d'exterminer tous ceux du dedans, qui gémissaient dans les cachots de Paris. Ces massacres durèrent 6 jours et privèrent la France d'une multitude de personnages distingués.

696. *Quelle fut l'issue de l'entreprise des puissances étrangères ?* L'armée prussienne fut battue, le 20 septembre, à Valmy, par le général Kellermann, et se vit forcée d'évacuer le territoire français.

697. *Tous les princes français furent-ils atteints par le décret de l'Assemblée législative ?* Non, le décret de bannissement fut un moment rapporté en ce qui concernait la famille du duc d'Orléans, père de Louis-Philippe, qui avait embrassé la cause de la révolution.

698. *Que faisait alors le duc de Chartres, fils*

aîné du duc d'Orléans? Ce prince, aujourd'hui roi des Français, défendait son pays contre l'invasion des armées étrangères.

699. *A quelles batailles principales se trouva-t-il?* Officier supérieur dans l'armée de Kellermann, il contribua aux succès des Français à Valmy ; puis, étant passé dans celle de Dumourier, il combattit les Autrichiens à Jemmapes et à Nerwinde.

CONVENTION NATIONALE.

Du 21 septembre 1792 jusqu'au 1er novembre 1795.

700. *Quels furent les premiers actes de la Convention ?* Elle proclama l'abolition de la royauté et l'établissement de la république en France, décrétant que dorénavant tous les actes publics seraient datés de l'ère de la république française, dont le 1er jour fut fixé au 22 septembre 1792.

501. *Quels furent les premiers succès de l'armée française sous la Convention?* Le roi de Sardaigne, qui méditait quelques conquêtes dans le midi de la France, perdit la Savoie, qui fut réunie à la France sous le nom de département du Mont-Blanc, et Dumouriez, après avoir battu les Autrichiens à Jemmapes, le 6 novembre 1792, inonda la Belgique des troupes de la république.

702. *Que fit la Convention après avoir arrêté*

les progrès des puissances étrangères? Elle fit le procès à l'infortuné Louis XVI, qui eut la tête tranchée le 21 janvier 1793, à l'âge de 38 ans, après une captivité de 6 mois 11 jours, et un règne de 18 ans. Il était doué des plus grandes vertus ; humain, généreux, il ne desirait que le bonheur du peuple ; mais son caractère faible et irrésolu ne sut pas maîtriser les circonstances difficiles où il fut placé. Sa belle âme se peint tout entière dans le touchant testament qu'il a laissé.

703. *Quels furent les derniers mots de Louis XVI après que son confesseur, l'abbé Edgeworth, lui eut adressé ces sublimes et consolantes paroles : « Fils de Saint-Louis, montez au ciel »?* Il s'écria d'une voix forte : « Français, je meurs innocent de tous les crimes qu'on m'a imputés. Je pardonne à mes ennemis, et je prie Dieu qu'il leur pardonne. Je souhaite que ma mort..... Ici un roulement de tambours étouffa sa voix.

704. *Quels sont les établissemens qui font honneur au règne de Louis XVI ?* Ce sont : 1o les hospices Beaujon et Necker; 2o le bureau des nourrices ; 3o le Mont-de-Piété ; 4o l'école des Mines, et, en 1783, celle des Sourds-Muets ; 5o le marché et la Fontaine des Innocens.

SYNCHRONISME. *L'an 1776, découverte de la vaccine par Jenner, à Londres.*

67.

GOUVERNEMENT RÉVOLUTIONNAIRE.

Louis dix-sept, enfant, mort au Temple enfermé,
Laisse Louis dix-huit par Condé proclamé ;
Et des républicains les nombreux bataillons
Repoussent l'étranger, calment les factions.

705. *Quelle fut la forme du gouvernement après la mort de l'infortuné Louis XVI ?* La Convention continua de régir la France ; et *le gouvernement révolutionnaire* fut établi ; cependant Monsieur, frère du roi, depuis Louis XVIII, qui était alors en Westphalie, publia une déclaration adressée à toutes les puissances de l'Europe, par laquelle il reconnaissait le fils de Louis XVI, son neveu, pour roi de France, sous le nom de Louis XVII.

706. *Qu'arriva-t-il après que la Convention se fût mise à la place de la royauté ?* Les puissances étrangères ayant montré des dispositions hostiles, la France déclara la guerre à l'Angleterre, à la Hollande et à l'Espagne. La guerre civile éclata dans la Vendée, à Toulon, à Lyon et dans le midi, et la Convention, de son côté, partagée en plusieurs factions, plongea la France dans la plus profonde anarchie.

707. *De quelle manière la Convention gouverna-t-elle la France ?* Divisée en deux factions principales, sous les noms de *Girondins* ou modérés, et de *Jacobins* ou terroristes, elle fut elle-même vic-

time de cette anarchie, et, succombant sous la faction des jacobins, dirigée par le trop fameux *Robespierre*, elle convertit la France en une immense prison, et la couvrit d'échafauds. Cette époque est connue sous le nom de REGIME DE LA TERREUR.

708. *Quelles illustres victimes furent mises au nombre des milliers de Français que Robespierre envoya à la mort?* Outre une multitude de magistrats, de savans, d'artistes, et de gens dont le seul crime était d'avoir un nom célèbre, ou une grande fortune, le gouvernement révolutionnaire fit périr sur l'échafaud la veuve de Louis XVI, Marie-Antoinette, reine des Français, le 16 octobre 1793, à l'âge de 38 ans; et la sœur de Louis XVI, madame Élisabeth, à l'âge de 30 ans, le 10 mai 1794.

709. *Quels furent les actes insensés du gouvernement révolutionnaire?* Il fit fermer les églises, et livrer aux flammes et au pillage les livres saints, les vases sacrés, les statues et les tableaux; il substitua au calendrier grégorien un calendrier républicain, dans lequel l'ère chrétienne fut remplacée par l'ère de la république française; il supprima les académies, les universités et les collèges; et en un mot il chercha à plonger les Français dans la barbarie, en tarissant toutes les sources de la religion, de la morale, des sciences et des lettres.

710. *La France resta-t-elle long-temps dans cet*

tat de terreur et de barbarie ? Elle souffrit ainsi sans oser se plaindre jusqu'au 9 thermidor an III (27 juillet 1794), époque où Robespierre et ses infâmes complices reçurent enfin le châtiment de leurs crimes.

711. *Comment se conduisit la Convention après la chute de Robespierre ?* Dès le 1er août, les modérés, qui venaient de reprendre le dessus, arrêtèrent l'effusion du sang dans toute la France, les églises furent rendues au culte catholique, les écoles primaires furent établies, les lettres furent encouragées, un conservatoire des arts et métiers fut ouvert, et une amnistie fut accordée aux insurgés de la Vendée qui déposeraient les armes.

712. *La France demeura-t-elle alors tout-à-fait tranquille ?* Non, la division se mit encore parmi les membres de la Convention ; la disette dans Paris, la dépréciation des assignats, les insurrections des faubourgs et le mécontentement général qui s'ensuivit, firent sentir à la Convention que le temps de son règne était passé : elle nomma une commission chargée de rédiger la constitution de l'an III, qui remplaça la Convention par le Directoire.

713. *Que fit la Convention, avant de se dissoudre ?* Elle ratifia le traité d'échange de Madame royale, fille de Louis XVI, avec les députés que Dumouriez avait livrés à l'Autriche. Elle décréta l'établissement de l'École polytechnique et de

l'Institut, et chercha à apporter quelques adoucissemens aux souffrances de Louis XVII; mais ce jeune prince mourut le 8 juin 1795, à l'âge de 10 ans, victime des plus odieux traitemens au Temple, où il était enfermé depuis près de 3 ans.

714. *Quelles furent les suites de la guerre que la France déclara à l'Angleterre, et à l'Espagne?* Le général Dumouriez, battu par les Autrichiens à Nerwinde, le 18 mars 1793, évacua les Pays-Bas, et renonçant à l'espoir de mettre le duc d'Orléans sur le trône, il se retira auprès du prince de Cobourg; mais les Anglais furent défaits par Houchard à Hondskoots; Pichegru se rendit maître du Brabant en 1794; l'année suivante il s'empara de toute la Hollande; et Jourdan, par la victoire qu'il remporta à Fleurus le 26 juin 1794, conquit, un mois après, toute la Belgique, le jour même où la mort de Robespierre mettait fin au régime de la terreur.

715. *Quels furent les motifs des guerres civiles qui déchirèrent l'intérieur de la France?* Les proscriptions sans nombre, et surtout celle de 22 députés, d'entre les girondins, soulevèrent les habitans de l'ouest et du midi de la France; la Provence, le Languedoc et le Lyonnais s'armèrent pour secouer le joug de la Convention; la ville de Lyon fut victime de son dévoûment; près de 6 mille habitans périrent dans les plus affreux supplices, après avoir supporté les horreurs de la famine et un siège de 70 jours.

716. *Quel fut le sort de la ville de Toulon ?* Cette ville qui, à l'exemple de Lyon, s'était armée pour délivrer la France du joug de la Convention, fut réduite à la dernière extrémité par le jeune Bonaparte, à qui le général Dugommier avait confié le soin de diriger l'artillerie de siège, et les Anglais, ainsi que les Espagnols, venus au secours de cette ville, furent contraints de regagner leurs vaisseaux.

717. *Que faisait l'armée de la Vendée dans le même temps ?* Les Vendéens, qui s'étaient soulevés pour replacer la famille royale sur le trône, grossissaient leur armée et faisaient des progrès de jour en jour; ils s'étaient choisis pour chefs de l'Escure, Charette et Henri de la Rochejacquelin.

718. *Comment se termina la malheureuse guerre de la Vendée ?* Les Vendéens, après avoir soutenu long-temps contre les armées républicaines une guerre où tant de Français périrent de la main de leurs frères, acceptèrent l'amnistie que la Convention leur offrit, le 17 février 1795, et déposèrent les armes.

719. *Les hostilités ne recommencèrent-elles point à l'affaire de Quiberon, le 21 juin 1795 ?* Oui, le gouvernement anglais, ayant fait naître quelque espérance dans le cœur des émigrés français retirés en Angleterre, les fit embarquer au nombre de 8 mille, et déposer sur la presqu'île de Quiberon en Bretagne, où 10 mille chouans les atten-

daient ; mais le général Hoche, envoyé par la Convention, tailla en pièces cette nouvelle armée. Les Anglais refusèrent de recevoir à bord de leurs vaisseaux les malheureux fuyards dont pas un n'échappa, et les chefs, d'Hervilly, Talhouet, Sombreuil et Soulanges, ainsi que Stofflet et Charette, qui les avaient secourus, furent condamnés à mort, pour avoir été pris les armes à la main sur le territoire de la république. Telle fut la fin des guerres civiles en France.

720. *Que fit le prince de Condé lorsqu'il eut appris la mort de Louis XVII ?* Il annonça ce triste évènement à son armée, le 4 juillet 1795, par une proclamation, qu'il termina en ces termes : *Messieurs, le roi Louis XVII est mort, vive Louis XVIII !* Ce dernier était alors à Vérone.

SYNCHRONISMES. *L'an 1795, dernier démembrement de la Pologne. — Poniatowski résigne la couronne.*

DIRECTOIRE.

Du 1er novembre 1795 au 9 novembre 1799.

Les Français, en l'an trois, nomment un Directoire.
Subjuguent l'Italie et l'Egypte avec gloire.

721. *Quelle fut la forme de gouvernement qui remplaça celui de la Convention ?* La constitution de l'an III substitua à la Convention un corps législatif divisé en deux conseils : celui des Anciens qui fut installé aux Tuileries, celui des Cinq-Cents

au palais Bourbon, et un directoire exécutif composé de 5 membres, au palais du Luxembourg.

722. Quels sont les évènemens les plus remarquables qui arrivèrent sous le gouvernement du Directoire ? Ce furent la campagne d'Italie, qui s'ouvrit le 29 mars 1796, et l'expédition d'Egypte, commencée le 19 mai 1798, pendant laquelle les troupes françaises se couvrirent d'une gloire immortelle.

723. Dans quel état l'armée d'Italie se trouvait-elle, lorsque Bonaparte en prit le commandement ? L'armée d'Italie était loin de marcher sur les traces de celles de Jourdan et de Pichegru. Un dénûment complet l'avait jetée dans le découragement, lorsque le jeune Bonaparte, alors âgé de 26 ans, fut nommé général en chef de cette armée, à laquelle il rendit toute l'énergie dont elle a fait preuve dans la suite.

724. Quels furent les succès de Bonaparte dans la campagne d'Italie ? En moins de 18 mois le général en chef de l'armée d'Italie, après avoir obtenu les plus glorieux succès à Montenotte, à Millesimo, à Mondovi, à Lodi, à Castiglione, à Roveredo, à Bassano, à Arcole, à Rivoli et à Leoben, et avoir détruit 4 armées autrichiennes, donna le Piémont à la France, organisa 2 républiques (la république cisalpine et la république ligurienne), conquit toute l'Italie, depuis le Tyrol jusqu'au Tibre, et imposa à l'Autriche la glorieuse paix de

Leoben, ratifiée par le traité de Campo-Formio le 17 octobre 1797.

725. *Que se passa-t-il en France pendant que nos armées triomphaient en Allemagne et en Italie ?* La division qui régnait entre les deux conseils et le Directoire amena la révolution du 18 fructidor an v (4 septembre 1797), qui remit le pouvoir absolu entre les mains des directeurs; mais ceux-ci, sentant qu'ils avaient besoin d'un appui, se jetèrent dans les bras du général Bonaparte.

726. *Quel fut le motif de la célèbre expédition d'Egypte, le 19 mai 1798 ?* Le général Bonaparte était venu à Paris pour faire ratifier par le Directoire le traité de Campo-Formio; les félicitations qu'il reçut au Luxembourg, l'ascendant que lui donnaient et ses victoires, et la faiblesse du gouvernement, rendirent bientôt sa présence incommode au Directoire, qui, cherchant à l'éloigner, le chargea de l'expédition d'Egypte, souvent méditée dans le cabinet de Versailles, et lui donna tous les moyens de la diriger à son gré.

727. *Quels furent les succès des Français en Egypte ?* Le général en chef, s'étant embarqué avec une brillante armée, s'empara de l'île de Malte; puis, arrivant en Afrique, il prit Alexandrie, triompha des mameluks à la bataille des Pyramides, prit les villes du Caire, de Suez, d'Elarich, de Gaza et de Jaffa, fut vainqueur au Mont-Thabor, et enfin, le 15 juillet 1799,

à Aboukir, où, le 1er août de l'année précédente, la flotte française avait été entièrement détruite par l'amiral Nelson.

728. *L'expédition d'Egypte ne tourna-t-elle pas aussi au profit des arts et des sciences?* Oui, Bonaparte, ayant emmené avec lui des artistes et des savans distingués, au nombre desquels étaient MM. Monge, Berthollet, Denon, Méchin, Beauchamp, Peyre, Champy, Comté, Girard, etc., fit explorer le pays, et recueillit tout ce qu'il offrait de curieux ou d'important pour les arts et pour les sciences, et forma au Caire un institut à l'instar de celui de France.

729. *Que fit le général Bonaparte après la bataille d'Aboukir, le 15 juillet 1799?* Ayant appris que la discorde, qui régnait entre les différens corps de l'état, livrait la France à la merci des factions, et que la perte des conquêtes de l'armée d'Italie et de celle du Rhin faisait murmurer hautement contre le Directoire, que l'on accusait d'incapacité, il confia à Kléber le commandement en chef de l'armée d'Egypte, et s'embarqua secrètement pour retourner en France avec Monge, Berthollet, et les généraux Lannes, Murat, Marmont et Andréossy.

730. *Que fit Bonaparte à son arrivée à Paris, le 16 octobre 1799?* Il conçut le projet de changer la face des affaires; il fit dissoudre le corps législatif, après l'avoir fait transférer à Saint-Cloud;

et, de concert avec un grand nombre de députés, il fit casser le Directoire et obtint qu'une commission consulaire fût nommée pour donner une nouvelle constitution à la France. Cette révolution, qui s'effectua sans occasioner le moindre désordre, est connue sous le nom de *journée de 18 brumaire, an* VIII (9 novembre 1799).

CONSULAT.

Du 9 novembre 1799 au 18 mai 1804.

Bonaparte, consul, donne un code aux Français. Rend à l'état son culte et rétablit la paix.

731. *Quelle forme de gouvernement succéda au Directoire, le 9 novembre 1799?* La nouvelle constitution substitua au Directoire une commission consulaire, composée de Bonaparte, 1er consul; Cambacérès, 2e; et Lebrun, 3e, qui furent logés au palais des Tuileries, et remplaça les deux conseils par un sénat et un corps-législatif, composé de deux parties, savoir : le corps-législatif, proprement dit, siégeant au Palais-Bourbon, et le tribunat, au Palais-Royal.

732. *Que fit le 1er consul pour rendre à la France les conquétes que le Directoire n'avait pas su conserver?* Il proposa la paix aux conditions stipulées dans le traité de Campo-Formio; mais, l'Angleterre s'y étant opposée, Bonaparte, avec la rapidité de l'éclair, franchit le mont Saint-Bernard,

et, sans laisser aux Autrichiens le temps de se reconnaître, il gagna sur eux, le 14 juin 1800, la fameuse bataille de Marengo, qui remit au pouvoir des Français tout le nord de l'Italie.

733. *Quelles pertes la France fit-elle, le 14 juin 1800?* Celle du général Desaix, qui périt à Marengo avec le regret de n'avoir pas assez fait pour la patrie, et le même jour, en Afrique, celle de Kléber, qui mit fin à l'expédition d'Egypte.

734. *Que faisait le général Moreau en Allemagne pendant que le 1ᵉʳ consul triomphait en Italie?* Après avoir gagné les victoires de Stockak et de Hohenlinden, il pénétra au cœur de l'Allemagne jusqu'à 20 lieues de Vienne, et força l'empereur d'Allemagne à demander la paix.

735. *Par quels traités la paix fut-elle établie?* Par le traité de *Luneville*, le 9 février 1801, dans lequel l'empereur d'Autriche céda à la France la Belgique, les comtés d'Avignon et de Nice, le duché de Savoie et la principauté de Monaco; et par le traité d'*Amiens*, le 25 mars 1802, qui rendit la tranquillité à toute l'Europe. Par ce traité l'Angleterre reconnut Bonaparte en qualité de 1ᵉʳ consul, et restitua à la France et à ses alliés ce qu'elle avait acquis dans les deux hémisphères.

736. *Quels furent les travaux du 1ᵉʳ consul pendant la paix?* Il accorda une amnistie générale aux émigrés, signa avec le pape Pie VII un concordat par lequel il rétablit la religion catholique en

France et la déclara religion de l'état; il réorganisa l'instruction publique et institua des lycées, aujourd'hui collèges royaux; il créa l'ordre civil et militaire de la légion d'honneur; il facilita le commerce par les canaux, les routes ou les ponts qu'il fit établir de tous côtés, et donna à la France ce fameux code civil, digne fruit des veilles de nos plus habiles jurisconsultes.

737. *Comment Bonaparte fut-il nommé consul à vie, le 2 août 1802?* Plusieurs tentatives contre ses jours ayant été découvertes, entre autres celle qui est connue sous le nom de *conspiration de la machine infernale,* il profita de la disposition des esprits en sa faveur, pour se faire nommer consul à vie par la presque unanimité des Français appelés à donner leur suffrage.

738. *La paix établie par le traité d'Amiens subsista-t-elle long-temps?* Non; un an s'était à peine écoulé depuis le traité d'Amiens, que les Anglais, refusant de restituer l'île de Malte, déclarèrent la guerre à la France, le 16 mai 1803.

739. *Quelle tache le premier consul imprima-t-il à sa gloire?* Il fit condamner à mort et exécuter, le 22 mars 1804, dans les fossés du château de Vincennes, le jeune duc d'Enghien, qui avait été arrêté, 8 jours auparavant, à Etteneim, petite ville du duché de Bade.

SYNCHRONISMES. *L'an 1801, Alexandre Ier succède à son père*

Paul Ier, empereur de Russie, mort assassiné ; 1802, expédition des généraux Leclerc et Rochambeau à Saint-Domingue.

XIXe SIÈCLE DE L'ÈRE CHRÉTIENNE,

DEPUIS L'AN 1800.

68.

NAPOLÉON EMPEREUR.

Règne du 18 mai 1804 au 3 mai 1814.

Bonaparte, empereur, est dit Napoléon,
En grands évènemens tout son règne est fécond ;
Aussitôt qu'il paraît on s'enchaîne à son trône,
La guerre l'éleva, la guerre le détrône.

740. *Quel changement remarquable y eut-il dans le gouvernement, le 18 mai 1804 (28 floréal, an XII)?* Le premier consul, qui venait d'être nommé président de la république cisalpine et protecteur de la république helvétique, fut proclamé par le sénat empereur des Français, sous le nom de Napoléon Ier, et la dignité impériale fut déclarée héréditaire dans sa famille.

741. *Napoléon fut-il reconnu en cette qualité par toutes les puissances ?* La plupart des puissances le reconnurent et lui envoyèrent des ambassadeurs, mais l'Angleterre s'y refusa ; et Louis XVIII, résidant alors à Varsovie, protesta à la face de toute

l'Europe contre une élévation qui portait préjudice à ses droits à la couronne.

742. *A quelle autre dignité Napoléon fut-il élevé le 26 mai 1805?* Après avoir été couronné empereur des Français par le pape Pie VII, dans l'église de Notre-Dame, à Paris, le 2 décembre 1804, il fut couronné, l'année suivante, roi d'Italie, dans l'église de Saint-Ambroise, à Milan.

743. *Quel fut le sujet de la coalition formée en 1804, contre la France, entre l'Autriche et la Russie?* La république ligurienne et la Toscane venaient d'être incorporées à la France. Cet agrandissement et la double couronne de Napoléon donnaient de l'inquiétude à l'Autriche et à la Russie, qui, à l'instigation de l'Angleterre, se coalisèrent contre la France, et les hostilités commencèrent.

744. *Quelles furent les suites de ces hostilités?* Napoléon, sans laisser aux Autrichiens le temps de se préparer, fond sur eux à la tête de son armée, s'empare de Munich, d'Ulm, fait son entrée à Vienne, le 13 novembre 1805; et, le 2 décembre, anniversaire de son couronnement, il remporte sur les empereurs de Russie et d'Autriche la fameuse victoire d'Austerlitz, qui termine glorieusement la campagne.

745. *Par quel traité la paix fut-elle signée, le 25 décembre 1805?* Par le traité de *Presbourg*, qui confirma la réunion de la couronne d'Italie à celle de France, sur la tête du vainqueur, lequel prit

dès-lors le titre d'EMPEREUR ET ROI. Ce fut aussi par suite de ce traité que l'ancienne confédération germanique fut détruite et remplacée par la confédération du Rhin, et que l'empereur d'Allemagne se dépouilla de son titre pour prendre celui d'empereur d'Autriche, qu'il a conservé jusqu'à ce jour.

746. *Que fit Napoléon pendant la paix de Presbourg ?* Cherchant à entourer son empire de principautés et de monarchies, dont les chefs lui fussent dévoués, il créa en faveur de ses principaux officiers plusieurs fiefs, tels que la *principauté de Neuchâtel* en faveur de Berthier ; le *duché de Parme*, qu'il donna à Cambacérès, et celui de *Plaisance* à Lebrun. Il accepta pour son frère, Louis Bonaparte, la *couronne de Hollande*, plaça la *couronne de Naples* sur la tête de son frère Joseph, organisa la *confédération du Rhin*, dont il fut nommé le protecteur, et nomma *vice-roi d'Italie* son fils adoptif, Eugène Beauharnais, que l'impératrice Joséphine avait eu d'un premier lit.

747. *A quels travaux importans donna-t-il alors ses soins, tant en France que dans les pays conquis ?* Tout en disposant de ses conquêtes, il assainissait l'air impur de Mantoue, et coupait l'Italie comme la France par d'utiles canaux ; de nombreuses fontaines portaient dans Paris la propreté et la salubrité ; Napoléonville, aujourd'hui Bourbon-Vendée, s'élevait sur les ruines de la

Roche-sur-Yon; et l'université, organisée ur de nouvelles bases, répandait l'instruction dans tout l'empire.

748. *Quelles furent les suites des intentions hostiles que le roi de Prusse manifesta envers la France, au mois de septembre 1806?* Le roi de Prusse, vaincu à la bataille d'Iéna, le 14 octobre 1806, perdit son armée, sa capitale et presque tous ses états. Les Russes, arrivés trop tard pour le secourir, furent battus à Eylau, le 5 février 1807, et, le 14 juin, anniversaire de la victoire de Marengo, ils perdaient la bataille de Friedland, qui termina la campagne et la guerre.

749. *Par quel traité la paix fut-elle signée, le 8 juillet 1807?* Par le traité que l'empereur de Russie et l'empereur Napoléon signèrent à Tilsitt le 8 juillet 1807, après en avoir fixé les bases 13 jours auparavant dans une entrevue qu'ils eurent sur le Niémen.

750. *Quelles furent les conséquences du traité de Tilsitt?* L'empereur Alexandre reconnut la confédération du Rhin, l'élévation des frères de Napoléon, l'érection du royaume de Westphalie en faveur de Jérome Bonaparte, la création du grand-duché de Varsovie en faveur du roi de Saxe, et s'engagea en outre à fermer aux Anglais les ports de la Russie. -

751. *Quelle agression Napoléon fit-il vers la*

fin de l'année 1807 ? Il envahit le Portugal, qui servait de débouché aux marchandises anglaises; puis, profitant des troubles qui régnaient à la cour d'Espagne, il dépouilla de leurs droits Charles IV, roi de cette contrée, et Ferdinand VII, son fils, pour donner la couronne d'Espagne à son frère Joseph, qui lui-même renonça à celle de Naples le 5 juin 1808, en faveur de Joachim Murat, son beau-frère.

752. *Quelles furent les suites de la guerre d'Espagne?* Les Espagnols, secondés par les Anglais, combattirent vaillamment pour leur indépendance, et les Français, malgré les talens de Masséna, de Suchet et de Marmont, n'obtinrent que de faibles avantages. L'officier et le soldat se découragèrent, et la guerre traîna en longueur jusqu'en 1813, époque à laquelle Napoléon rendit la liberté à Ferdinand VII, qu'il avait relégué à Valençay dans le Berry.

753. *Que fit l'empereur d'Autriche, le* 19 *avril* 1809, *pendant que les Français étaient occupés en Espagne?* Sans aucune déclaration de guerre, il s'empara d'une partie de la Bavière; mais Napoléon, passant rapidement avec une partie de son armée des rives du Tage à celles du Rhin, gagna en quatre jours sur les Autrichiens les batailles d'Abensberg, d'Eckmulh et de Ratisbonne, fit son entrée à Vienne le 12 mai, et, par les victoires d'Essling, du Raab et de Wagram, il força l'em-

13.

pereur d'Autriche à demander la paix, qui fut signée à Vienne, le 14 octobre 1809.

754. *Quelles furent les conséquences du traité de Vienne ?* L'empereur Napoléon, ayant obtenu la main de l'archiduchesse Marie-Louise, fit casser son union avec l'impératrice Joséphine Tascher de la Pagerie, et fit célébrer son nouveau mariage à Paris, le 2 avril 1810.

755. *Que fit Napoléon, après avoir signé la paix à Vienne ?* Il s'occupa à embellir sa capitale, et entre autres monumens, il fit élever la colonne de la place Vendôme, dont le bronze, estimé 1800 mille livres pesant, provient de 1200 pièces de canon prises sur les Autrichiens.

756. *Comment la tranquillité que la paix de Vienne avait procurée à la France fut-elle troublée ?* Par les démêlés que Napoléon eut avec son frère Louis, qui abdiqua la couronne de Hollande, et avec le pape, qui fut enlevé et conduit à Fontainebleau. La suite de ces démêlés fut la réunion de la Hollande et des états du pape à l'empire français.

757. *Quel événement mit le comble aux desirs de Napoléon ?* Le 20 mars 1811, l'impératrice Marie-Louise lui donna un fils, qui, avec le nom de Napoléon II, reçut le titre de roi de Rome.

758. *Quelle fut la cause de la guerre de Russie,*

connue *sous le nom de campagne de* 1812 ? La politique de Napoléon tendait à obtenir de gré ou
de force que toutes les puissances concourussent à
l'établissement de son système continental, dont
le but était d'anéantir le commerce de l'Angleterre, en fermant à cette nation tous les ports de
l'Europe. La Russie s'y était engagée par le traité
de Tilsitt; mais elle renoua ses liaisons avec les
Anglais, et l'empereur des Français, après avoir
vainement réclamé, lui déclara la guerre, le 22
juin 1812.

759. *Quels furent les succès de cette funeste campagne ?* Les Français passèrent le Niémen, le 24
juin, à Kowno, et se rendirent maîtres de Wilna
et de Witepsk sans trouver de résistance. Le 17
août, ils assiégèrent et prirent Smolensk, et, après
avoir vaincu les Russes à Borodino, sur la Moskowa, et les avoir forcés à continuer leur retraite
ils se dirigèrent vers Moscou, où ils entrèrent le
14 septembre, trouvant la ville déserte et en proie
aux flammes.

760. *Que fit Napoléon, après s'être emparé de
Moscou, que les Russes avaient incendiée eux-mêmes, pour priver les Français de toutes ressources?*
Voyant que la rigueur de la saison ne lui per-
mettait pas d'aller plus loin, il fit proposer la
paix à l'empereur Alexandre : mais il était trop
tard. Il ne reçut aucune réponse, et donna le signal de la retraite le 14 octobre.

761. *Comment les Français effectuèrent-ils la*

retraite de Moscou? Pendant les premiers jours, l'armée marcha en bon ordre ; mais bientôt les neiges et les glaces rendirent les chemins impraticables. Les hommes et presque tous les chevaux périssaient de froid, de misère et de faim ; car le pays tout dévasté n'offrait aucune ressource. Cependant l'armée conserva encore son attitude militaire jusqu'au passage de la Bérésina, qu'elle effectua les 25, 26 et 27 novembre ; mais, depuis ce moment ce ne fut plus qu'une déroute continuelle ; enfin, le 13 décembre, les tristes débris de l'armée, sans armes et sans bagages, repassèrent le Niémen, que 6 mois auparavant elle avait traversé au nombre d'environ 400 mille hommes.

762. *Que devint l'empereur Napoléon pendant la retraite de Moscou?* La nouvelle de la conspiration Mallet et l'espoir de réparer les maux de cette affreuse campagne, lui firent sentir que sa présence était nécessaire dans la capitale : c'est pourquoi, après le passage de la Bérésina, il laissa à Murat le commandement de l'armée, et traversant à grandes journées la Lithuanie, la Pologne et l'Allemagne, il arriva à Paris pendant la nuit du 18 décembre.

763. *Que fit Napoléon à son arrivée à Paris?* Après s'être fait rendre compte des troubles occasionés par la conspiration de Mallet, il organisa une nouvelle armée, nomma l'impératrice régente pendant son absence, et le 15 avril, il ouvrit la campagne de 1813.

764. *Quelle fut l'issue de la campagne de Saxe,
dite de 1813 ?* Abandonnés d'une partie de leurs
alliés, les Français furent néanmoins vainqueurs
à Lutzen, à Bautzen, où ils perdirent le maréchal
Duroc, et à Dresde, où le général Moreau fut tué
au service de la Russie. Ils étaient sur le point de
triompher à Leipsig le 18 octobre, lorsque la de-
fection d'un corps de 12 mille Saxons, jetant l'a-
larme dans les esprits et le désordre dans les rangs
français, changea la face des affaires et entraîna
la perte de l'armée, qui battit en retraite.

765. *Quelle perte les Français essuyèrent-ils dans
la retraite de Leipsig ?* Ils perdirent près de la
moitié de l'armée et une grande partie de leurs
bagages au passage de la Saale, sur le pont de
Lindenau ; une partie des troupes sous les ordres
de l'empereur avait passé en assez bon ordre, lorsque le reste de l'armée, se présentant, vit sauter
ce pont par le zèle imprudent de celui qui en avait
la garde. Les Français tombèrent alors sous les
coups des ennemis, et trouvèrent la mort dans les
flots. Ce fut là que périt le brave Poniatowski.

766. *Que firent les puissances coalisées pendant
que l'empereur des Français, de retour à Paris, le-
vait une nouvelle armée ?* Enhardies par les revers
de 1812 et de 1813, elles firent une invasion en
France, où elles pénétrèrent de tous les côtés à-la-
fois avec des troupes considérables.

767. *Que fit Napoléon à la nouvelle de cette invasion ?* Il organisa à Paris la garde nationale, à

qui il confia l'impératrice et le roi de Rome, et, le 25 janvier, il ouvrit la campagne de France ou de 1814.

768. *Quel fut le résultat de cette campagne ?* Les Français, quoique bien inférieurs en nombre, n'en opposèrent pas moins une vigoureuse résistance, et les avantages qu'ils remportèrent à Brienne, à Champ-Aubert, à Montmirail, à Montereau, à Troyes, à Bar-sur-Aube, à Chaumont, etc., prouvèrent qu'ils n'avaient rien perdu de leur première valeur; cependant ils ne purent empêcher les troupes ennemies de se diriger sur Paris, dont elles firent le siège le 29 mars.

769. *Comment se termina le siège de Paris ?* Malgré le courage d'une faible garnison et les efforts de la garde nationale, de la jeunesse parisienne et des élèves de l'Ecole polytechnique ; malgré les secours que promettait aux assiégés l'approche de Napoléon, Paris capitula le 31 mars 1814, et l'empereur se retira à Fontainebleau.

770. *Que firent les puissances coalisées après la reddition de Paris ?* Elles déclarèrent qu'elles ne voulaient plus traiter de quelque manière que ce fût avec Napoléon ni avec sa famille, et invitèrent le sénat à nommer un gouvernement provisoire, qui fut composé de 5 membres, savoir : MM. le prince de Talleyrand-Périgord, président, l'abbé de Montesquiou, le duc de d'Alberg, le comte de Jaucourt et le comte de Beurnonville. Il suffira

771. Que fit le gouvernement provisoire le 2 avril 1814 ? Il prononça la déchéance de l'empereur Napoléon, dégagea l'armée française de son serment de fidélité envers lui, renvoya tous les conscrits dans leurs foyers, appela Louis XVIII au trône, et déclara provisoirement S. A. R. Monsieur, comte d'Artois, lieutenant-général du royaume.

772. Que devint Napoléon, déchu du trône qu'il avait occupé pendant 10 ans ? Après avoir signé l'acte de son abdication, il fit à Fontainebleau ses adieux à sa brave garde impériale, partit avec les généraux Bertrand et Drouot, pour prendre possession de l'île d'Elbe, qui lui fut accordée en toute propriété par le traité du 11 avril, avec un revenu annuel de 2 millions, et la liberté de prendre avec lui pour sa garde 400 hommes à son choix, officiers, sous-officiers et soldats, et il arriva le 3 mai à Porto-Ferrajo, capitale de l'île.

773. Quels établissemens scientifiques, industriels et commerciaux, et quels monumens Paris a-t-il vu s'élever sous le gouvernement de Napoléon Bonaparte ? Ce sont entre autres : 1º le musée des Antiques, au Louvre, en 1800; 2º le canal de l'Ourcq décrété en 1802; 3º l'entrepôt des vins et eaux-de-vie, commencé en 1803; 4º quatre cimetières, décrétés en 1801, savoir : ceux de Montmartre, du Père La Chaise, de Vaugirard et de Sainte-Catherine; 5º cinq abattoirs, commencés en 1809 et ouverts en 1818; 6º huit marchés, dont le plus remarquable est le marché Saint-Germain, commencé en 1811 et ouvert en 1820; 7° le canal de Saint-Denis, décrété en 1811 et achevé en 1821 ; 8° les ponts des Arts, d'Austerlitz (pont du jardin-du-Roi), de la Cité et d'Iéna (pont des Invalides), et plusieurs quais ; 9° enfin les arcs-de-triomphe du Carrousel et de la barrière de l'Etoile, et plusieurs fontaines.

69.

LOUIS XVIII.

Règne de fait de 1814 à 1824.

Louis dix-huit revient au milieu des Français.
Leur apporte la Charte et ramène la paix.

774. *Où était Louis XVIII pendant que cette révolution nouvelle s'opérait en France?* Pendant les 19 années qui ont précédé son retour en France, Louis XVIII s'était retiré successivement à Vérone, à l'armée de Condé sur le Rhin, à Blankenbourg en Saxe, à Mittau, à Varsovie, qu'il quitta en 1805, pour retourner à Mittau, et de là il se rendit en Angleterre, et y acheta le château d'Hartwel, qu'il habita depuis 1809 jusqu'en 1814, époque où il fut replacé sur le trône de ses pères.

775. *Quel jour Louis XVIII fit-il son entrée dans la capitale?* Parti de Douvres, le 25 avril, avec sa nièce, Madame, duchesse d'Angoulême, depuis madame la dauphine, le prince de Condé, et le duc de Bourbon, il arriva, le 1er mai, au château de Saint-Ouen, d'où il envoya au gouvernement provisoire les bases de la constitution qu'il se proposait de donner aux Français; et le 3 mai, il fit son entrée solennelle dans Paris, aux acclamations d'une immense population, qui se pressait sur son passage.

776. *Par quel traité la paix générale fut-elle rétablie en Europe?* La paix générale fut rétablie par le traité de Paris, signé entre toutes les puissances, le 30 mai 1814, et complété au célèbre congrès de Vienne, qui se termina le 9 juin 1815. Ce traité fit passer la république de Venise et une grande partie de l'Italie sous le sceptre de l'Autriche, et la Pologne sous celui de l'empereur de Russie, qui prit aussi le titre de roi de Pologne. Il réunit la république de Gênes aux états du roi de Sardaigne, érigea en royaume des Pays-Bas la Belgique et la Hollande, composa de 22 cantons le territoire de la république helvétique, fixa enfin les limites de chaque contrée de l'Europe, et assigna à la France celles qu'elle avait au 1er janvier 1792.

777. *Par quel acte Louis XVIII rétablit-il le gouvernement définitif en France, le 4 juin 1814?* Par la charte constitutionnelle, fruit de sa sagesse et de son expérience. Cet acte solennel, divisé en 76 articles, modifié en 1830, consacre les prérogatives de la puissance royale et les droits des citoyens, règle l'exercice de la puissance législative par l'établissement de la chambre des pairs et de celle

des députés des départemens, et assure aux Français les libertés publiques qui avaient été successivement détruites sous le gouvernement impérial.

778. *Quel nouveau changement arriva-t-il dans le gouvernement, en 1815?* Napoléon Bonaparte, profitant de l'ascendant qu'il avait conservé sur les troupes et de l'agitation des esprits en France, débarqua de l'île d'Elbe le 1er mars 1815, à Cannes, traversa le midi de la France, en grossissant le nombre de ses partisans, et arriva dans la soirée du 20 mars au château des Tuileries.

779. *Que fit Louis XVIII dans ces conjonctures ?* Il partit dans la nuit du 19 au 20 mars, pour se retirer à Gand, où il demeura pendant les 100 jours.

780. *Quel obstacle Napoléon rencontra-t-il dans le rétablissement de son pouvoir, qui ne dura que 100 jours ?* Les puissances étrangères, refusant de reconnaître son autorité, se préparèrent à faire en France une nouvelle invasion. Napoléon veut la prévenir : il vole sur les frontières du nord, remporte sur les Prussiens un avantage signalé à Fleurus, et se dirige vers Bruxelles; mais la bataille de Waterloo, livrée le 18 juin, décida du sort de Napoléon et de la France.

781. *Quelles furent les suites de la défaite des Français à Waterloo ?* Napoléon, contraint d'abdiquer une seconde fois, fut conduit prisonnier

dans l'île Sainte-Hélène, où il mourut le 5 mai 1821, âgé de 52 ans; Louis XVIII fit sa rentrée à Paris le 8 juillet, et l'armée des alliés, par le traité de paix de 1815, exigea l'occupation pendant 5 ans de 17 forteresses du nord, une contribution de 700 millions, l'entretien de l'armée d'occupation, montant à 150 mille hommes, et la liquidation de toutes les dettes contractées par le gouvernement français.

782. *Quel sujet de douleur Louis XVIII éprouva-t-il le 13 février 1820?* Il vit expirer sous ses yeux son neveu Charles-Ferdinand, duc de Berry, victime de l'horrible attentat d'un frénétique nommé *Louvel,* qui, se précipitant sur ce malheureux prince au moment où il sortait de l'Opéra, lui enfonça un poignard dans le sein.

783. *Quel évènement fit sortir la famille royale du deuil où l'avait plongé cet attentat?* Environ 7 mois après la mort de l'infortuné duc de Berry, le 29 septembre, sa veuve Caroline de Sicile mit au monde Henri-Charles-Ferdinand-Dieudonné d'Artois, qui reçut le nom du duc de Bordeaux.

784. *Comment Louis XVIII termina-t-il sa carrière, à l'âge de 69 ans, le 16 septembre 1824?* Après avoir enfin rétabli le calme et la tranquillité en France, et avoir affermi le roi d'Espagne dans toute son autorité, ce roi législateur fut enlevé par une maladie douloureuse, suite de ses infirmités, à l'amour de tous ceux qui, admis dans son

intimité, ont pu apprécier la justesse de son esprit et ses intentions paternelles et éclairées.

785. *Quelle parole remarquable cite-t-on de Louis XVIII, qui se piquait de ponctualité?* « L'exactitude, disait-il, est la politesse des rois. »

786. *Quels monumens ont été élevés par les soins de Louis XVIII?* On peut citer entre autres la statue équestre de Henri IV, placée sur le terre-plein du Pont-Neuf, la salle actuelle de l'Opéra, la chapelle expiatoire élevée dans l'ancien cimetière de la Madeleine, et la statue équestre de Louis XIV, sur la place Notre-Dame-des-Victoires.

SYNCHRONISMES. *En 1814, 1° réunion de la Norwège et de la Suède sous un même roi, Charles XIII. 2° Le pape Pie VII rétablit l'ordre des Jésuites, supprimé en 1773 par une bulle de Clément XIV. 1819, formation de la république de Colombie. 1820, Georges IV succède à son père, Georges III, sur le trône d'Angleterre. 1821, insurrection des Grecs contre les Turcs, la Grèce se proclame indépendante. 1823, Léon XII succède au pape Pie VII.*

70.

CHARLES X.

Règne de 1824 à 1830.

En mil huit cent vingt-cinq de pompe environné,
Son frère Charles dix à Reims est couronné,
Il gouverne cinq ans, se rend maître d'Alger :
Et tandis qu'il triomphe au rivage étranger,
D'imprudens conseillers auxquels il s'abandonne,
Lui font perdre en trois jours ses droits et sa couronne.

787. *Quel fut le successeur de Louis XVIII, le 16 septembre 1824?* Ce fut son frère le comte d'Artois, qui sous le nom de Charles X, fut sacré et couronné à Reims le 29 mai 1825.

788. *Quelles paroles mémorables Charles X prononça-t-il à son entrée à Paris, après la mort de Louis XVIII?* « Je veux consacrer jusqu'au dernier de mes jours à assurer et consolider le bonheur de mon peuple. » Et comme les soldats qui formaient la haie contenaient la foule qui se pressait sur son passage, un jour qu'il allait visiter l'hôtel des Invalides : « Mes amis, leur dit-il, point de hallebardes ! »

789. *Quels événemens remarquables ont signalé le règne de Charles X?* Ce sont : en 1825, l'émancipation de la colonie française de Saint-Domingue, que le roi a reconnue solennellement comme état indépendant, sous le nom de république d'Haïti ; 2° en 1827, la médiation armée de la

France, conjointement avec l'Angleterre et la Russie, entre les Grecs et les Turcs, dans le but de faire cesser la guerre qui existait depuis plusieurs années entre ces deux peuples, et qui a diminué considérablement la population de la Grèce; 3° enfin la conquête du royaume d'Alger, le 4 juillet 1830.

790. *Quels personnages remarquables la France a-t-elle eu à regretter pendant le règne de Charles X ?* La tribune perdit le général Foy en 1825; l'église, l'abbé Feutrier, ministre des affaires ecclésiastiques, en 1830; les arts, Girodet, peintre d'histoire, en 1824; Talma, célèbre tragédien, en 1826, et Désaugiers, l'honneur du Vaudeville, en 1827; enfin l'humanité perdit l'immortel Larochefoucault de Liancourt, à qui nous devons l'introduction de la vaccine en France, la fondation de l'école des arts et métiers à Châlons, et l'établissement de la caisse d'épargnes.

791. *Par quels monumens Charles X avait-il commencé à embellir la capitale ?* Parmi les monumens qui se sont élevés à Paris depuis l'avènement de Charles X au trône, on remarque le palais de la Bourse, les 12 statues en marbre blanc qui décorent le pont Louis XVI, savoir: Celles de Condé, de Turenne, de Bayard, de Duguesclin, de Duquesne, de Tourville, de Duguai-Trouin, du bailly de Suffren, du cardinal de Richelieu, de l'abbé Suger, de Sully et de Colbert; la statue

de Louis XIII, inaugurée sur la place Royale le 4 novembre 1829.

SYNCHRONISMES. En 1826, l'empereur Nicolas succède à son frère Alexandre I sur le trône impérial de toutes les Russies. Le 25 mars 1829, Pie VIII est élu pape et successeur de Léon XII. 1830, mort de Georges IV, et avènement de Guillaume IV au trône d'Angleterre. Le dey d'Alger perd ses états.

RÉVOLUTION DE JUILLET 1830.

792. *Quelles furent les causes de la révolution dite de juillet 1830?* Ce furent trois fatales ordonnances que rendit Charles X, aveuglé par les conseillers imprudens dont il s'était entouré.

793. *De quelle importance ces ordonnances étaient-elles?* La première suspendait la liberté de la presse périodique, la seconde prononçait la dissolution de la chambre des députés, convoquant la nouvelle pour le 28 septembre; et la troisième restreignait la loi électorale.

794. *Quelles furent les suites de ces ordonnances?* Le lundi 26 juillet, jour où elles furent connues officiellement, la consternation se répandit dans tout Paris. Les journaux protestèrent contre les ordonnances, et, le soir, de nombreux rassemblemens se formèrent aux cris de *vive la Charte!* au Palais-Royal et sur les places publiques.

795. *Qu'arriva-t-il les jours suivans ?* Dès le lendemain, plusieurs journaux, bravant la censure, se répandirent de toutes parts. Des rassemblemens se renouvelèrent toujours aux cris de *vive la Charte!* mais plus nombreux et plus menaçans que la veille, et l'autorité crut devoir employer la force armée pour les dissiper ; mais le gouvernement ne s'attendait pas à voir repousser la force par la force, et la lutte s'engagea entre les enfans d'une même patrie.

796. *Combien de temps dura cette lutte sanglante, et quel en fut le résultat?* Elle dura 3 jours entiers, les 27, 28 et 29 juillet. Les pavés arrachés dans toutes les rues s'élevaient en monceaux et formaient des barricades. Pendant que le peuple armé, ayant pour guides plusieurs des élèves de l'Ecole polytechnique, et luttant avec avantage contre la garde royale au Louvre à l'hôtel-de-ville et sur plusieurs autres points de la capitale, força toutes les troupes à abandonner Paris, qui fut déclaré par le roi en état de siège.

797. *Où était Charles X pendant ces 3 journées?* Il était avec toute sa famille à Saint-Cloud, d'où il fut obligé de partir, pour se rendre à Rambouillet, quand il eut appris tout ce qui s'était passé à Paris.

798. *Par qui la ville de Paris fut-elle administrée pendant ce temps?* Toutes les autorités, tant civiles que militaires, s'étant retirées, il fut créé à

l'hôtel-de-ville une commission municipale, composée de MM. Lobau, Audry-de-Puyraveau, Mauguin, Schonen et Odilon-Barrot, dont les actes étaient contresignés du général Lafayette, que les circonstances avaient placé à la tête du gouvernement provisoire.

799. *Quel service la commission municipale rendit-elle à la ville de Paris et par sa suite à toute la France?* Elle donna des chefs aux diverses administrations, réorganisa la garde nationale de Paris, licenciée par Charles X, le 29 avril 1827, et en donna le commandement au général Lafayette.

La garde nationale de Paris fut-elle la seule organisée? Non ; bientôt toutes les villes de la France suivirent l'exemple de la capitale; les gardes nationales s'organisèrent de toutes parts, et Lafayette en fut nommé le général en chef. La devise de la garde nationale fut : *Liberté, ordre public.*

800. *Le gouvernement provisoire subsista-t-il longtemps ?* Non. En présence de plusieurs partis, les uns voulant la république, les autres songeant à rappeler sur le trône la famille de Napoléon, d'autres enfin voulant rétablir l'ordre de choses brusquement interrompu, la France ne pouvait rester long-temps dans une incertitude qui menaçait de la plonger dans les horreurs de l'anarchie : c'est pourquoi la chambre des députés décerna au prince Louis-Philippe d'Orléans *la lieutenance générale du royaume.*

801. *Que fit Charles X dans cette conjoncture?*
Ayant perdu tout espoir de remonter sur le trône,
il abdiqua en faveur de son petit-fils, le duc de
Bordeaux. Le duc d'Angoulême suivit son exemple, et, le 2 août, à 11 heures du soir, le duc
d'Orléans, en sa qualité de lieutenant-général du
royaume, reçut de Rambouillet l'acte de cette
double abdication.

802. *Quels furent les premiers actes du lieutenant-*
général du royaume? Il rendit à la nation le dra-
peau et la cocarde tricolore; puis il convoqua
les chambres pour le 3 août, et dans une proclamation qu'il adressa au peuple, il déclara que *la*
Charte serait désormais une vérité.

803. *Que devint Charles X après son abdication?*
Forcé de s'éloigner de Rambouillet, où il ne
pouvait demeurer plus long-temps, Charles X
prit la résolution de sortir de France. Par un
ordre du jour, daté de Maintenon, il fit ses adieux
aux troupes qui l'avaient suivi, il les délia de
leur serment; puis, sous la sauve-garde de 5
commissaires qui lui furent envoyés par le lieutenant-général du royaume, il se rendit à petites
journées à Cherbourg; là il s'embarqua avec toute
sa famille pour l'Angleterre, d'où il se rendit à
Holy-Rood, en Ecosse, où il fit long-temps sa résidence.

804. *Que firent les chambres après avoir été ou-*
vertes solennellement, le 3 août, par le lieutenant-

général du royaume? La chambre des députés déclara par un acte que le trône de France était vacant en fait et en droit, et appela à la couronne S. A. R. Louis-Philippe d'Orléans lieutenant-général du royaume. La chambre des pairs confirma cette déclaration, et la chambre des députés après deux jours de discussion, pendant lesquels elle s'occupa à modifier plusieurs articles de la Charte, se rendit en corps chez le duc d'Orléans, pour lui donner lecture des dispositions qui l'appelaient à la couronne de France.

Que dit le général Lafayette dans cette circonstance? Le général Lafayette dit en embrassant Louis-Philippe : *Voici le roi qu'il nous fallait : c'est la meilleure des républiques.*

805. *En quoi la révolution de 1830 est-elle particulièrement remarquable?* C'est que, bien différente de la révolution de 1789, elle n'a duré que 3 jours et est restée pure de tout excès. *Protection aux personnes, respect aux propriétés,* tel était le mot d'ordre et de ralliement.

71.

LOUIS-PHILIPPE, ROI DES FRANÇAIS.

Règne depuis le 9 août 1830.

Philippe d'Orléans, tiré de son palais,
Succède à Charles dix par le choix des Français.

806. *Comment Louis-Philippe succéda-t-il à Charles X?* Le trône de Charles X ayant été dé-

claré vacant par le fait de la révolution de juillet, S. A. R. Louis-Philippe d'Orléans accepta la couronne que lui offrait la chambre des députés, et prit le titre de ROI DES FRANÇAIS, après avoir préalablement juré d'observer la charte de 1830.

SYNCHRONISMES. 1730. *Révolution de Belgique ; le roi de Pays-Bas perd la Belgique, et reste roi de Hollande. Révolution de Pologne. Cette malheureuse et héroïque contrée succombe sous le nombre et rentre sous la domination de la Russie. Avènement du prince Léopold de Cobourg au trône de Belgique.*

TABLE GÉOGRAPHIQUE,

DONNANT PAR ORDRE ALPHABÉTIQUE LES NOMS ET LA SITUATION DES LIEUX CITÉS DANS LES LEÇONS D'HISTOIRE DE FRANCE.

NOTA. Les bornes de ce petit volume ne nous ayant pas permis de citer tous les points géographiques mentionnés dans cet ouvrage, nous avons dû ne mettre dans cette table que les lieux rendus célèbres par les évènemens historiques dont ils ont été le théâtre ; nous renvoyons à nos *Leçons de Géographie* pour les capitales des contrées ou des provinces, les chefs-lieux de département et généralement pour toutes les villes que les élèves ont pu connaître dans la *Géographie élémentaire*.

Abensberg, petite ville d'Allemagne, dans le royaume de Bavière, à 5 lieues de Ratisbonne.

Aboukir, bourg d'Egypte, à 10 l. d'Alexandrie.

Acre (Saint-Jean d'), ville maritime d'Asie, en Palestine.

Agénois, petite province de France dont la capitale était Agen ; elle forme aujourd'hui presque tout le département de Lot-et-Garonne.

Agnadel, village d'Italie, dans le Milanais, près la rivière de l'Adda.

Aigues-Mortes, jadis ville maritime dans le Languedoc, département du Gard, à 7 lieues de Nismes.

Albion, ancien nom de l'Angleterre.

Aix-la-Chapelle, ville d'Allemagne dans le duché du Bas-Rhin.

Alexandrie, capitale de la Basse-Égypte.

Amboise, petite ville de France, en Touraine, département d'Indre-et-Loire, à 5 lieues de Tours.

Anvers, ville des Pays-Bas, à 9 l. de Bruxelles.

Aquitaine, ancienne province de France appelée depuis Guyenne; sa capitale était Bordeaux.

Arcole, village du royaume Lombard-Vénitien, sur l'Adige.

Arcueil, village du département de la Seine, à une lieue de Paris.

Arles, ville de France, en Provence, département des Bouches-du-Rhône.

Arrezzo, ville de Toscane, à 15 l. de Florence.

Arques, petite ville de France, en Normandie, département de la Seine-Inférieure, à 2 l. de Dieppe.

Assise, ville des états du Pape, à 28 l. de Rome.

Ast, ville d'Italie, en Piémont, à 8 lieues d'Alexandrie.

Attigny, petite ville de France en Champagne, département des Ardennes, à 8 lieues de Reims.

Augsbourg, ville de Bavière, à 12 l. de Munich.

Auray, petite ville de France, en Basse-Bretagne, département du Morbihan, à 4 l. de Vannes.

Austerlitz, petite ville de la Moravie.

Austrasie, partie orientale de la France, dont la capitale était Metz.

Autun, ville de France, en Bourgogne, département de Saône-et-Loire, à 16 l. de Dijon.

Azincourt, village d'Artois, département du Pas-de-Calais.

Bâle, grande ville de Suisse, chef-lieu du canton de ce nom.

Bar-sur-Aube, ville de Champagne, département de l'Aube, à 12 lieues de Troyes.

Bassano, petite ville d'Italie, dans le royaume Lombard-Vénitien, à 6 lieues de Vicence.

Bauce (du pays Chartrain), capitale Chartres; aujourd'hui département d'Eure-et-Loir.

Bautzen, ville d'Allemagne, en Saxe, à 12 lieues de Dresde.

Bythinie, province d'Asie-Mineure, ville principale Chalcédoine, à l'entrée du détroit de Constantinople.

Blaisois (le), capitale Blois, aujourd'hui département de Loir-et-Cher.

Blakembourg, ville d'Allemagne, dans le royaume de Hanovre.

Berg-op-Zoom, ville des Pays-Bas, dans le Brabant hollandais.

Bérézina, rivière de Pologne, qui se jette dans le Dniéper.

Borodino, ville de Russie, sur la Moskowa.

Bouchain, ville forte de Flandre, département du Nord, à 3 lieues de Valenciennes.

Bourbon l'Archambault, petite ville de France, dans le Bourbonnais, département de l'Allier, à 6 lieues de Moulins.

Bouvines, village de France, dans la Flandre, département du Nord, à 3 lieues de Lille.

Brenneville, village de Picardie; il n'existe plus.

Bric, ancienne petite province de France, dont les villes principales étaient Meaux, Provins et Château-Thierry.

Brienne, petite ville de Champagne, département de l'Aube, à 4 lieues de Bar-sur-Aube.

Brios, village de Souabe.

Brétigny, village de l'Orléanais, département d'Eure-et-Loir.

Cabrières, bourg du comtat d'Avignon, département du Vaucluse, à trois lieues de Cavaillon.

Calabre, partie méridionale du royaume de Naples.

Cambrai, ville de France, en Flandre, département du Nord, à 7 lieues de Valenciennes.

Campo-Formio, village du Frioul, dans le royaume Lombard-Vénitien.

Cannes, ville maritime de Provence, département du Var, à 4 lieues de Grasse.

Cassel, ville de France, en Flandre, département du Nord.

Castiglione, petite ville de Toscane.

Cateau-Cambresis, ville de France, en Flandre, département du Nord, entre Lille et Dunkerque.

Cérisolles, ville du Piémont.

Chambord, bourg de l'Orléanais, département de Loir-et-Cher, à 4 lieues de Blois.

Champ-Aubert, village de Champagne, département de la Marne, à 5 lieues d'Epernay.

Charleroy, petite ville des Pays-Bas, à 8 lieues de Namur.

Châteauneuf-de-Randan, bourg d'Auvergne, département de la Lozère, à 5 lieues de Mende.

Chelles, bourg de l'Ile-de-France, département de Seine-et-Marne, à 2 l. de Vincennes.

Cherbourg, ville de la Basse-Normandie, département de la Manche.

Chinon, ville de Touraine, département d'Indre-et-Loire, à 9 lieues de Tours.

Cîteaux, bourg de Bourgogne, département de la Côte-d'Or, à 2 lieues de Nuits.

Coblentz, ville de Prusse, dans le grand-duché du Bas-Rhin.

Cocherel, village de Normandie, département de l'Eure, à 3 lieues d'Evreux.

Cologne, ville de Prusse, dans le grand-duché du Bas-Rhin.

Compiègne, ville de Picardie, département de l'Oise.

Conflans, village du département de la Seine, à 1 lieue et demie E. de Paris.

Corbeil, chef-lieu de sous-préfecture du département de Seine-et-Oise.

Courtenay, petite ville de l'Orléanais, département du Loiret, à 6 lieues de Sens.

Courtray, ville des Pays-Bas, à 4 lieues de Lille.

Coutras, petite ville de la Guyenne, département de la Gironde.

Crécy, bourg de Picardie, département de la Somme, à 6 lieues de Montreuil.

Creil, ville de Picardie, département de l'Oise, à 2 lieues de Senlis.

Crépy, ville de Picardie, département de l'Oise, à 5 lieues de Senlis.

Crevelt, ville d'Allemagne, dans le grand-duché du Bas-Rhin.

Damiette, ville principale de l'Egypte, à l'embouchure orientale du Nil.

Dantzig, capitale de la Prusse occidentale.

Denain, village de France, en Flandre, département du Nord, à 2 lieues de Valenciennes.

Donremy, village des Vosges, près de Vaucouleurs.

Dormans, petite ville de Champagne, département de la Marne, à 4 lieues d'Epernay.

Dreux, ville de l'Ile-de-France, département d'Eure-et-Loir, à 6 lieues de Chartres.

Dunes (les), côtes de Flandre, entre Dunkerque et Nieuport.

Eckmülh, village de Bavière, à 5 lieues de Ratisbonne.

Ecluse (l'), port du royaume des Pays-Bas, près de Bruges.

Esclavons, habitans de la partie de l'Illyrie, entre la Drave et la Save.

Esling, ville d'Allemagne, dans le royaume de Wurtemberg, à 2 lieues de Suttgardt.

Etteinheim, petite ville du grand-duché de Bade, à 7 l. de Fribourg.

Elau, bourg de Prusse, à 10 lieues de Kœnigsberg.

Fleurus, bourg du royaume des Pays-Bas, à 4 lieues de Namur.

Fontainebleau, ville de l'Ile-de-France, département de Seine-et-Marne.

Fontaine-Française, bourg de Bourgogne, département de la Côte-d'Or, à 8 lieues de Dijon.

Fontenay, village de Bourgogne, départ. de l'Yonne, à 8 lieues d'Auxerre.

Fontenoy, village des Pays-Bas, à 1 lieue de Tournay.

Forez (*le*), petite province de France dont la capitale était Montbrison ; elle forme aujourd'hui une partie du dép. de la Loire.

Fornoue, bourg d'Italie, dans le duché de Parme, à 3 lieues de Parme.

Friedland, ville de Prusse, à 10 lieues de Kœnigsberg.

Furnes, petite ville des Pays-Bas.

Gand, ville du royaume des Pays-Bas, à 12 l. de Bruxelles.

Gatinais (*le*), petite province de l'Ile-de-France, dont la capitale était Melun.

— Petite province de l'Orléanais dont la capitale était Montargis.

Gaza, ville d'Asie en Palestine, à une lieue de la mer et à 20 lieues de Jérusalem.

14.

Guastalla, petite ville du duché de Parme, à 8 lieues de Mantoue.

Guinegate, village de l'Artois, département du Pas-de-Calais. Il n'existe plus.

Habsbourg, ancien château de Suisse, dans l'Argovie.

Haïti, ou Saint-Domingue, une des îles Antilles.

Hastings, ville du comté de Sussex, à 18 l. de Londres.

Herculanum, ancienne ville d'Italie, détruite par le Vésuve, aujourd'hui village de Portici, à 2 lieues de Naples.

Héristal ou *Herstal*, bourg du royaume des Pays-Bas, à une lieue de Liège.

Hoschtet, petite ville de Bavière, près de Donawert.

Hogue (*la*), village du département de la Manche.

Hohenlinden, village de Bavière, à 7 lieues de Munich.

Hondskoots, petite ville de France, en Flandre, département du Nord, à 4 lieues de Dunkerque.

Hubertsbourg, village de Saxe, à 7 lieues de Leipzig.

Iéna, ville de Prusse, dans le duché de Saxe-Weimar, à 3 lieues de Wei

Ivry, bourg de Normandie, département de l'Eure, à 6 lieues d'Evreux.

Jaffa, ville de Palestine, à 11 l. de Jérusalem.

Jarnac, bourg de l'Angoumois, département de la Charente, à 3 lieues de Cognac.

Jemmapes, village des Pays-Bas, près de Mons.

Landau, ville d'Allemagne, à 5 lieues de Vissembourg. Elle appartient à la Bavière.

Landrecies, petite ville de France, département du Nord, à 5 lieues d'Avesnes.

Lens, petite ville d'Artois, département du Pas-de-Calais, à 4 lieues d'Arras.

Leipzig, ville du royaume de Saxe.

Léoben, ville d'Allemagne, à 39 l. de Vienne.

Lisieux, ville du département du Calvados, à 12 lieues de Caen.

Lithuanie (la), province de Pologne, incorporée dans les états de la Russie et de la Prusse.

Livry, bourg de l'Ile-de-France, département de Seine-et-Oise, à 3 lieues de Paris.

Lodi, ville du royaume Lombard-Vénitien, à 8 lieues de Milan.

Lombardie (la), toute la partie de l'Italie, depuis les frontières de la Toscane jusqu'à la Suisse.

Lonchamps, ancienne abbaye de religieuses, près du bois de Boulogne.

Longwy, ville de Lorraine, département de la Moselle, à 8 lieues de Metz.

Lutzen, petite ville de Saxe, à 5 l. de Leipzig.

Luxeuil, petite ville de Franche-Comté, départ. de la Haute-Saône, à 6 lieues de Vesoul.

Malplaquet, village de France, en Flandre, département du Nord.

Mantes, ville de l'Ile-de-France, département de Seine-et-Oise, à 12 lieues de Paris.

Mantoue, ville du royaume Lombard-Vénitien, à 8 lieues de Vérone.

Marche d'Ancóne (la), état d'Italie, sur le golfe de Venise.

Marengo, ville d'Italie, dans les états Sardes, à 2 lieues d'Alexandrie.

Marignan, petite ville d'Italie, dans le royaume Lombard-Vénitien, à 4 l. de Milan.

Marly, village du département de Seine-et-Oise, à 2 lieues de Versailles.

Marsaille (la), plaine du Piémont, près de Turin.

Massoure (la), ville d'Afrique, en Egypte, à l'Est du Nil.

Maurienne, vallée de la Savoie.

Melun, ville de l'Ile-de-France, département de Seine-et-Marne, à 4 lieues de Fontaine-bleau.

Menin, ville du royaume des Pays-Bas, à 4 l. de Lille.

Merindol, village du comtat d'Avignon, département du Vaucluse, à 3 l. de Cavaillon.

Mery-sur-Seine, bourg de Champagne, département de l'Aube, à 5 l. d'Arcis-sur-Aube.

Meudon, bourg du département de Seine-et-Oise, à 2 lieues de Paris.

Millesimo, bourg du Piémont, à 9 lieues de Mondovi.

Mittau, ville de Pologne, à 12 l. de Riga.

Monaco, principauté d'Italie.

Mondovi, ville forte du Piémont.

Mons-en-Puelle, village de France, en Flandre, département du Nord, à 2 l. de Douai.

Mont-Cassin (le), montagne du royaume de Naples.

Montcontour, ville du Poitou, département de la Vienne, à 4 lieues de Loudun.

Montebello, ville du royaume Lombard-Vénitien.

Montenotte, ville des états Sardes, en Piémont, à 2 lieues de Savone.

Montereau, ville de Bourgogne, département de Seine-et-Marne, à 5 lieues de Fontaine-bleau.

Montgommery, bourg du département du Calvados, à 5 lieues de Lisieux.

Montlhéry, petite ville de l'Ile-de-France, département de Seine-et-Oise, à 6 lieues de Corbeil.

Montmirail, petite ville de Champagne, département de la Marne, à 7 lieues d'Epernay.

Montmorency, petite ville du département de Seine-et-Oise, à 4 l. de Paris.

Montpensier, village d'Auvergne, département du Puy-de-Dôme, à 5 l. de Clermont.

Monza, ville du royaume Lombard-Vénitien, près de Milan.

Morins (le pays des), partie de la Gaule sur l'Océan dont les deux villes principales étaient *Morinorum-Castellum*, aujourd'hui Mont-Cassel,

dans l'Artois; et *Morinorum Civitas,* aujour-
d'hui Térouanne-sur-la-Lys.

Moskowa (la), rivière de Russie ; elle passe à
Moskou.

Munster, ville du grand-duché du Bas-Rhin.

Namur, ville des Pays-Bas, capitale du comté de
ce nom.

Narbonne, ville du Languedoc, département de
l'Aude, à une lieue de la mer.

Nerac, petite ville du département de Lot-et-
Garonne, à 4 lieues d'Agen.

Nerwinde, ville des Pays-Bas, près de Bruxelles,

Neuilly (sur Marne), village de l'Ile-de-France
département de Seine-et-Marne, à 2 lieues de
Vincennes.

Nice, ville maritime d'Italie, dans les états
Sardes.

Nogent-le-Rotrou, ville de l'Orléanais, département d'Eure-et-Loir, à 10 l. d'Alençon.

Nordlingue, ville d'Allemagne, en Bavière, à 16 l.
d'Augsbourg.

Novare, ville du royaume de Sardaigne, à 22 l.
de Milan.

Orthez, petite ville du département des Basses-
Pyrénées, à 7 lieues de Pau..

Oudenarde, ville des Pays-Bas, à 5 l. de Gand.

Palestine (la), province de la Turquie d'Asie.

Patay, petite ville de l'Orléanais, département du
Loiret, à 4 l. d'Orléans.

Pavie, ville du duché de Milan, à 7 l. de Milan.

Périgord, petite province de France, qui faisait

partie de la Guyenne ; sa capitale était Péri-
gueux.

Ponthieu (le), petite prov. de Fr., faisant partie
de la Picardie ; sa capitale était Abbeville.

Peronne, ville de la Picardie , département de la
Somme, à 10 lieues d'Amiens.

Philisbourg, ville du grand-duché du Bas-Rhin ,
à 2 lieues de Spire.

Poissy, ville de l'Ile-de-France , département de
Seine-et-Oise; à 2 lieues de Saint-Germain-
en-Laye.

Port-Mahon, ville de l'île de Minorque.

Quercy (le), petite province de France dont la
capitale était Cahors. Elle forme aujourd'hui
le département du Lot.

Quesnoy (le), ville de France, en Flandre, département du Nord, à 2 lieues de Lille.

Quiberon, presqu'île de France , en Bretagne, département du Morbihan.

Raab (le), rivière qui se jette dans la Vistule.

Rambouillet, ville de l'Ile-de-France, département
de Seine-et-Oise , à 6 lieues de Versailles.

Ramillies, village des Pays-Bas, 4 l. de Namur.

Rastadt, petite ville de l'Autriche , à 15 lieues de
Saltzbourg.

Raucourt, ville de Champagne , département des
Ardennes, à 3 lieues de Sédan.

Ravenne, ville d'Italie, dans les états du Pape.

Rebec, petit bourg de l'Italie, à 2 l. de Milan.

Rivoli, petite ville du royaume Lombard-Vénitie
sur l'Adige.

Roche-sur-Yon, aujourd'hui Bourbon-Vendée.

Rocroi, ville de la Champagne, département des Ardennes, à 6 lieues de Mézières.

Roncevau, vallée d'Espagne, dans la Navarre, entre Pampelune et Saint-Jean-Pied-de-Port.

Rosbac, village de Saxe, à 10 lieues de Leipzig.

Rosbecq, village des Pays-Bas, à 3 lieues de Courtray.

Rosny, bourg de l'Ile-de-France, département de Seine-et-Oise, à une lieue de Mantes.

Rouergue (le), petite province de France, dont la capitale était Rhodez ; il fait aujourd'hui partie du département de l'Aveyron.

Roveredo, ville du Tyrol à 4 l. de Trente.

Ryswick, village de Hollande, près de La Haye.

Saint-Aubin-du-Cormier, ville de Bretagne, département d'Ile-et-Vilaine, à 4 lieues de Rennes.

Saint-Germain, ville du département de Seine-et-Oise, à 4 lieues de Paris.

Saint-Cloud, bourg de l'Ile-de-France, département de Seine-et-Oise, à 2 l. de Paris.

Saint-Ouen, village de l'Ile-de-France, département de la Seine, à 1 lieue et demie de Paris.

Saint-Quentin, ville de l'Ile-de-France, département de l'Aisne, à 10 lieues de Laon.

Saltzbach, entre Bade et Strasbourg.

Save (la), rivière qui se jette dans le Danube.

Scandinavie, ancien nom de la Suède.

Senef, village des Pays-Bas, à 2 l. de Charleroi.

Smolensk, grande ville de Russie.

Soissons, ville du département de l'Aisne, à 13 l. de Reims.

Sologne (la), petite province de France, dont la capitale était Romorantin, elle forme aujourd'hui une partie du département de Loir-et-Cher.

Staffarde, petite ville du Piémont, sur le Pô, à une lieue de Saluces.

Steinkerque, village du royaume des Pays-Bas, dans le comté de Hainaut.

Stockak, p. v. du royaume de Wurtemberg.

Suez, petite ville d'Egypte sur la côte septentrionale de la mer Rouge.

Syrie (la), royaume d'Asie.

Taillebourg, bourg de la Saintonge, département de la Charente, à 4 lieues de Saint-Jean-d'Angely.

Térouanne, ville d'Artois, département du Pas-de-Calais, à 3 lieues d'Aire; elle est presque détruite.

Testry, village de Picardie, département de la Somme, près de Péronne.

Thabor (le mont), montagne d'Asie, en Syrie, à 14 lieues de Jérusalem.

Thuringe, province d'Allemagne.

Tilsitt, ville de Prusse, à 18 l. de Mesmel.

Tolbiac, petite ville du grand-duché du Bas-Rhin, à 7 l. de Cologne. Elle se nomme aujourd'hui Zulpich.

Tolentino, ville d'Italie, dans les états du Pape.

Tortone, ville du Piémont, à 13 l. de Gênes.

Toul, ville de la Lorraine, département de la Meurthe, à 4 lieues de Nancy.

Tournay, ville du royaume des Pays-Bas, à 6 l. de Lille.

Trèves, ville d'Allemagne, sur la Moselle, à 10 l. de Luxembourg.

Ulm, ville du Wurtemberg, à 14 l. d'Augsbourg.

Utrecht, ville des Pays-Bas, chef-lieu de la province de ce nom.

Valançay, ville du Berry, département de l'Indre, à 10 lieues de Châteauroux.

Valenciennes, ville de France, dans la Flandre, département du Nord, à sept lieues de Cambrai.

Valmy, plaine de Champagne, département de la Marne.

Varennes, petite ville de Lorraine, département de la Meuse, à 7 lieues de Verdun.

Vassy, ville de Champagne, département de la Haute-Marne.

Vermandois (le), petite province de France, qui faisait partie de la Picardie ; sa capitale était Saint-Quentin.

Vervins, petite ville de Picardie, département de l'Aisne.

Vexin (le), petite province de France, dont la capitale était Pontoise.

Vienne, ville du Bas-Dauphiné, département de l'Isère, à 6 l. de Lyon.

Villa-Viciosa, bourg d'Espagne, dans la nouvelle Castille, près de Madrid.

Villers-Cotterets, petite ville de Picardie, à 5. l. de Compiègne.

Vimori, village de l'Orléanais, département du Loiret, à une lieue de Montargis.

Vitry-le-Brûlé, village de Champagne, département de la Marne, à 6 lieues et demie de Châlons-sur-Marne.

Vouillé, village du Poitou, département de la Vienne, à 5 l. de Poitiers.

Wagram, village d'Autriche, à 3 l. de Vienne.

Waterloo ou *Mont-Saint-Jean*, ferme du royaume des Pays-Bas, à 4 l. de Bruxelles.

Witepsk, ville de la Lithuanie.

Ypres, ville des Pays-Bas, à 3 l. de Lille.

TABLE ALPHABÉTIQUE

DE TOUS LES PERSONNAGES MENTIONNÉS
DANS CE VOLUME.

Nota. Les chiffres renvoient non aux pages, mais aux questions.